Carl Röhling / Richard Sternfeld

Die Hohenzollern in Bild und Wort

REPRINT – VERLAG
LEIPZIG

Die zum Teil geminderte Druckqualität ist auf den Erhaltungszustand der Originalvorlage zurückzuführen.

Bibliografische Information Der Deutschen Bibliothek
Die Deutsche Bibliothek verzeichnet diese Publikation in der Deutschen Nationalbibliografie; detaillierte bibliografische Daten sind im Internet über http://dnb.ddb.de abrufbar.

Volker Hennig, Goseberg 22–24, 37603 Holzminden
www.reprint-verlag-leipzig.de
ISBN 978-3-8262-1818-3

Reprintauflage der Originalausgabe von 1899
nach dem Exemplar des Verlagsarchives

Lektorat: Andreas Bäslack, Leipzig
Gesamtherstellung: Westermann Druck Zwickau GmbH

Die Hohenzollern in Bild und Wort

von

Carl Röhling und Richard Sternfeld

Berlin

Einleitung.

Das Geschlecht der Hohenzollern hat seinen Namen von der stolzen Burg, die im vierzehnten Jahrhundert ein schwäbischer Dichter also gepriesen hat:

Hohenzoller, Du wehrliches Haus,
Wie weit hast Du geschauet überaus!
All um und um im Schwabenland
Warst Du vor allen Häusern bekannt;
Wehrlicher Haus im Land nicht gewesen ist,
Als Du bisher gewesen bist.

Ein steiler Kegel am südwestlichen Vorsprung der Rauhen Alb, von dem der Blick über Neckar und Donau bis zum Rhein und den fernen Schneebergen schweift, trägt den „Hohen Söller", dessen feste Mauern den Stürmen der Zeiten getrotzt haben, bis ihn in unseren Tagen ein kunstsinniger König aus dem Zollernstamme prächtig wieder ausbaute. Dort im schwäbischen Lande, dem Kern des alten deutschen Reiches, sind die Hohenzollern zu Hause. Im Jahre 1061 nennt ein Chronist zum erstenmale das Geschlecht der „Zollern". Zwei Namen sind in ihm von Anfang an heimisch: der eine, Burchard, scheint auf eine Verwandtschaft mit dem alten schwäbischen Herzogsgeschlecht der Burchardinger hinzuweisen, der andere, Friedrich, deutet auf ruhmvolle Thaten in ferner Zukunft hin.

Von Anfang an sind die Zollern treue Diener ihrer kaiserlichen Herren gewesen. Ein Friedrich von Zollern folgte 1110 dem Kaiser Heinrich V. auf seinem Römerzuge; sein Enkel Friedrich III., der Ahnherr aller späteren Hohenzollerschen Linien, war auch zugleich der Begründer der bedeutenden Stellung der Zollern im Reiche. Wie unweit der Burg Hohenzollern in Schwaben der Hohenstaufen liegt, von dem das glänzendste Kaisergeschlecht des Mittelalters seinen Namen empfing, so standen die Hohenzollern treu zu den Staufern und erstiegen auch durch sie die erste Stufe zu ihrer zukünftigen Größe. Durch Friedrich I. Barbarossa erhielt Friedrich III. die Hand der Erbtochter des letzten Nürnberger Burggrafen, und als dieser gestorben war, belehnte der Sohn Barbarossas, Kaiser Heinrich VI., den Zollern 1191 mit der Burggrafschaft Nürnberg, die ihm nicht nur ansehnliche Güter in Franken, sondern auch durch den Vorsitz im kaiserlichen Landgericht des mittleren Deutschlands ein wichtiges Reichsamt eintrug. Die Söhne Friedrichs III. teilten um 1225 ihren Besitz; während der ältere, Friedrich, die schwäbischen Lande erhielt und somit der Stammvater der späteren Fürsten von Hohenzollern-Sigmaringen wurde, bekam der jüngere, Konrad, den fränkischen Besitz mit der Burggrafschaft Nürnberg. Er ist der Stammvater der Preußischen Könige.

Der Sohn Konrads, Friedrich III. aus der jüngeren Linie, hat in den Wirren seiner Zeit eine große Rolle gespielt. Er war es, der die „kaiserlose, die schreckliche Zeit", die nach dem Untergange der Hohenstaufen über Deutschland hereingebrochen war, zu beenden suchte, indem er die Kurfürsten für seinen Vetter, den Grafen Rudolf von Habsburg, zu gewinnen wußte; er trug des Reiches Sturmfahne und führte den Heerbann aus Steiermark zum Siege, als jener neue deutsche König 1278 auf dem Marchfelde seinen gefährlichsten Gegner, den böhmischen König Ottokar, aufs Haupt schlug. Noch größer waren die Verdienste seines Sohnes Friedrichs IV. um des Reiches Wohlfahrt. Auch er folgte der Zollerschen Tradition, indem er die rechtmäßig erwählten Könige in der Befestigung ihrer Macht unterstützte. Er geleitete 1310 den jungen Sohn des Kaisers Heinrichs VII. aus dem Geschlechte der Luxemburger zur Eroberung Böhmens und trug damit zur Erhöhung des Hauses bei, das genau hundert Jahre später seinem Geschlechte mit dem Besitz der Mark den Weg zu künftiger Größe eröffnen sollte. In der Schlacht von Mühldorf 1322, die den langen Streit zwischen Ludwig dem Bayer und seinem Gegenkönig Friedrich von Österreich beendete, hat Friedrich IV. durch einen kühnen Vorstoß das Schicksal des Tages zu Gunsten Ludwigs entschieden. Er begleitete den Bayer dann auf seinem Römerzuge; war er als „Retter des Reiches" durch seinen weisen Rat von bestem Einfluß auf den Kaiser, so gereichte ihm, wie seinen Vorfahren, die kaiserliche Gunst auch zu hohem Vorteil, wie er denn von Ludwig außer manchem Landbesitz auch das einträgliche Bergregal erhielt.

Auf Friedrich IV., der 1332 starb, folgten seine beiden Söhne Johann II. und Albrecht der Schöne. Auf unruhiger Laufbahn in den Wirren der Zeit traten sie auch zu den beiden Ländern in Beziehung, die mit der Zukunft des Zollerngeschlechts sich einst unauflöslich verknüpfen sollten: Albrecht ist 1344 zu einem Kreuzzuge des deutschen Ordens gegen die Litauer nach Preußen gezogen, Johann hat 1345 im Dienste der Wittelsbacher für den Sohn Ludwigs des Bayern in der Mark Brandenburg die Stellvertretung geführt.

Friedrich V., der Sohn Johanns II., war ein sparsamer und wirtschaftlicher Verwalter seiner Güter; durch ein geordnetes Finanzwesen gewann er die Mittel, seinen Besitz durch Kauf im fränkischen Gebiete abzurunden. Dabei stieß er freilich schon auf die Gegnerschaft der freien Reichsstädte, wie Nürnberg und Rothenburg, deren aufblühende Macht sich den beschränkenden Befugnissen der benachbarten Burggrafen zu entziehen versuchte: mit ihnen sollten die fränkischen Zollern noch manchen Strauß durchfechten. Unter Friedrich V. fand dann die wachsende Bedeutung der Burggrafen von Nürnberg 1363 den gebührenden Ausdruck dadurch, daß Kaiser Karl IV., der Luxemburger, sie in den reichsunmittelbaren Fürstenstand erhob.

Friedrich V. teilte seine Lande unter seine beiden Söhne Johann III. und Friedrich VI., die ihm nach fast zwanzigjähriger Ehe noch geboren waren. 1396 haben beide in Ungarn gegen die Türken gekämpft; dort rettete Friedrich dem ungarischen Könige Sigismund, dem Sohne Karls IV., in der unglücklichen Schlacht bei Nikopoli das Leben. Damit begann eine Verbindung, die noch bedeutsame Folgen haben sollte. Denn Sigismund hat dreizehn Jahre später den Burggrafen Friedrich VI., der bei aller Rührigkeit doch in den Wirren der Reichspolitik und in den Fehden mit den fränkischen Städten seine Kräfte und Mittel zu zersplittern drohte, zunächst nach Ungarn in seine Dienste gezogen, dann mit seiner Vertretung bei dem Wahlgeschäft des Jahres 1410 betraut.

Damals bewarben sich die luxemburgischen Vettern Sigismund von Ungarn und Jobst von Mähren um die deutsche Königskrone; in einer zwiespältigen Wahl wurden beide gewählt, aber Jobst starb schon 1411, so daß Sigismund dann unbestritten die Herrschaft im Reiche erhielt. Da hat nun der neue deutsche König den Burggrafen von Nürnberg Friedrich VI., dessen erprobter Klugheit bei der Wahlangelegenheit in Frankfurt am Main er die Krone zum großen Teil verdankte, für ein Amt ausersehen, das an seine Energie und Umsicht die höchsten Anforderungen stellte: er ernannte ihn am 8. Juli 1411 zu seinem Stellvertreter in der Mark Brandenburg. Zugleich sicherte er ihm 100000 Goldgulden als Entschädigung zu, wenn er sein Amt dort wieder aufgeben würde. Früher hat man geglaubt, daß der Hohenzoller dem geldbedürftigen Luxemburger eine größere Summe geliehen hatte; richtiger ist, daß jenes Darlehn ein Ersatz sein sollte für die Aufwendungen, die dem Burggrafen in der Mark bevorständen, wenn er die in der letzten Zeit dort veräußerten landesherrlichen Rechte zurückkaufen wollte.

So trat der Hohenzoller Friedrich die Statthalterschaft in der Mark an, die trotz aller Gefahren und Hindernisse zu einer seßhaften und dauernden Herrschaft in seinem Geschlechte gedeihen sollte.

* * *

Die Mark Brandenburg nennen wir das wellige Flachland zwischen Elbe und Oder, das von der Havel und der Spree durchströmt wird. Der Boden ist nicht besonders fruchtbar; Sand, Haide, Sümpfe, Moore, Seeen und Kiefernwälder wechseln ab und erschweren den Anbau. Und doch soll hier das edelste Volk der germanischen Sueven, der volkreiche Stamm der Semnonen, gewohnt haben, dessen Heiligtum den Mittelpunkt der germanischen Welt bildete. Zur Zeit der Völkerwanderung zogen diese Bewohner südwestwärts davon; in ihre Wohnsitze drangen aus dem östlichen Europa die Slaven oder Wenden vor und besetzten den ganzen Osten des heutigen Deutschlands, von Holstein und Rügen bis nach Österreich und Kärnthen hin, um nun über sechshundert Jahre hier zu herrschen. Auf dem rechten Ufer der unteren Elbe hatte der Stamm der Liutizen oder Wilzen seine Sitze, zu dem wieder kleinere Völkerschaften, wie die Redarier und Hevelder in der heutigen Mark, gehörten.

Karl der Große hat 789 nach einem Feldzug gegen die Wilzen, wie überall, so auch hier im Nordosten seines gewaltigen Reiches, die Grenze durch eine Mark gegen die Angriffe der wilden Nachbarvölker gesichert. Sie wurde später die Nordmark oder auch nach der Hauptstadt der Hevelder, Brennabor, die Mark Brandenburg genannt. Als Befehlshaber in den Marken walteten Markgrafen, die das Aufgebot über die Grenzmannen hatten, auf daß sie immer gerüstet wären zur Abwehr der feindlichen Nachbarn. Als 919 die deutsche Krone auf die Herzöge des nahen Sachsenstammes überging, haben diese die Ostgrenze aufs neue gegen die Slaven gesichert. Heinrich I. ist den unaufhörlichen Einfällen der Wenden in sächsisches Land begegnet, indem er 928 wider die Hevelder über das Eis der Havel drang und Brennabor eroberte. Dann, unter Kaiser Otto dem Großen, hat der Thüringer Graf Gero hier als Markgraf gewaltet und fast dreißig Jahre, bis zu seinem Tode 965, mit List und Grausamkeit den harten Kampf gegen die Wenden geführt. Durch Anlegung von Burgen und Gründung der Bistümer Havelberg und Brandenburg hat er dem Deutschtum und Christentum Eingang verschafft. Aber der rasche Zusammenbruch seiner Bestrebungen im Jahre 983 zeigt doch, wie gering die wirklichen Erfolge dieser Kämpfe waren: damals haben die Slaven im Ansturm gegen die Elbe fast alles wieder zerstört, was die Deutschen bis dahin gewonnen hatten. Anderthalb Jahrhunderte haben sie nun wiederum, trotz mancher Angriffe der deutschen Kaiser aus Salischem Geschlecht, in der Mark ihre Macht behauptet. Da erfolgte in der Mitte des 12. Jahrhunderts ein neuer Vorstoß des Deutschtums gegen die Slaven, der dann dem unaufhörlichen Ringen der feindlichen Nationen ein Ende machen sollte.

Noch einmal, bevor die große Zeit des deutschen Mittelalters zu Grabe ging, brachte sie um 1150 drei gewaltige Heldengestalten hervor:

Hinrik de Leue und Albrecht de Bar
Darto Frederik mit de rode Har:
Dat weren drei Heren,
De kunden de Weld verkehren.

Neben dem gewaltigen Hohenstaufenkaiser Friedrich Barbarossa, der der alten Sehnsucht des deutschen Mittelalters nach dem italienischen Besitz am stärksten Ausdruck gegeben hat, neben dem kühnen Welfen Heinrich dem Löwen, der sein Herzogtum von den Alpen bis zur Ostsee ausdehnte und sich gegen jenen Kaiser Friedrich auflehnte, steht als Dritter ein einfacher

Graf aus dem Anhaltinischen Geschlecht der Askanier, Albrecht der Bär, der nach manchen Kämpfen mit neidischen Nachbarn 1142 die ihm vom Kaiser Lothar verliehene Nordmark in Besitz nahm. Aber was dieser Askanier Albrecht nun bis zu seinem Tode 1170 in rastloser Arbeit gewirkt hat, das kann sich wahrlich messen mit den Thaten jener beiden Helden, wenn auch ihr Ruhm bei den Zeitgenossen so viel größer war; ja, wenn man auf das Bleibende Wert legt, so übertrifft sein Schaffen das ihrige an Nachhaltigkeit durch die fruchtbaren Keime, die er für die Zukunft in den Boden senkte. Er begann in der Mark die bedeutsame Thätigkeit der Kolonisation, in der damals die Fürsten des nordöstlichen Deutschlands mit einander wetteiferten. Doch nicht sie allein, sondern alle deutschen Stände hatten ihren Anteil an dieser stillen, mühsamen, für die Folgezeit so überaus wichtigen Arbeit. Die Fürsten riefen fleißige Ansiedler vom deutschen Westen her ins Land und schützten sie mit ihrem Schwerte; die Geistlichkeit, besonders die Orden der Cisterzienser und Prämonstratenser, predigte den Heiden das Evangelium und lehrte die Ankömmlinge den Boden ausroden und anpflanzen; die Bürger und Bauern begannen die schwere Arbeit der Besiedlung des unbekannten Landes: alle hielten fest zusammen gegen die Slaven, deren Widerstand nach langwierigen und furchtbaren Kämpfen allmählich gebrochen wurde.

Unter den Nachfolgern Albrechts des Bären nahm die Mark Brandenburg einen hohen Aufschwung. Die Askanier bethätigten sich ebenso kräftig daheim, im Kriege gegen die Nachbarn und in der Sorge für das Wohl ihres aufblühenden Landes, wie in der Reichspolitik und in den Kämpfen der deutschen Kaiser. Während sie zu Hause ihre Herrschaft nach allen Seiten, bis nach Pommern, bis zur Neumark und Lausitz ausbreiteten, spielten sie im Reiche eine bedeutende Rolle, da sie, gleich anfangs im Besitz eines der großen Erzämter, der Erzkämmererwürde, dann auch zu den sieben Kurfürsten gehörten, denen seit der Mitte des 13. Jahrhunderts die Wahl des deutschen Königs und damit der wichtigste Anteil an der Regierung des Reiches zugefallen war. Oftmals waren die Askanier — wie später auch die Hohenzollern — nahe daran, selbst die deutsche Königswürde zu erlangen; aber gewiß war es für die Mark besser, daß ihre Markgrafen durch dieses hohe Amt nicht in die Kämpfe des Reiches hineingezogen und ihrem eigentlichen Berufe entfremdet wurden.

Von Anfang an bewegt sich die brandenburgische Geschichte durchaus im Gegensatze zu den alten Gebieten des deutschen Reiches. Hier in der Mark war jungfräulicher Boden, unberührt von der Zwietracht, die durch die zahllosen, sich widerstreitenden Gerechtsame der einzelnen Stände und Besitzer im Gebiete des alten Deutschlands hervorgerufen war; hier waltete der Markgraf als beinahe unbeschränkter Herr über alle Unterthanen kraft der vom Könige ihm verliehenen Ämter des Heeresaufgebots und der Rechtsprechung. Darum gedieh auch unter den Askaniern des 13. Jahrhunderts die Mark; während im Reiche die Fehden der Gegenkönige, der Fürsten nnd Städte das deutsche Volk lähmten und von der früheren Höhe herabsinken ließen, herrschte in Brandenburg nur ein Wille, dem die Stände sich beugten, der ihnen Frieden und Gerechtigkeit verbürgte. So konnte die Kolonisierung und Christianisierung kräftig fortschreiten; der Wohlstand wuchs, da keine Feinde ins Land kamen; die Städtegründungen mehrten sich — um 1235 haben die beiden Nachbarorte Berlin und Cölln an der Spree Stadtrechte erworben, — Handel und Verkehr nahm kräftigen Aufschwung. Es waren besonders die beiden Urenkel Albrechts des Bären, Johann I. und Otto III., die, von 1220 bis 1266 in gemeinschaftlichem Besitze der Regierung, durch kluge Politik ihre Herrschaft ausdehnten und stärkten. Da die alte Welfenmacht zerfallen war, konnte die Mark bereits als die hauptsächliche Vormacht des Reiches im deutschen Norden gelten. Schädlich für ihren Bestand war nur, daß die Askanier selbst durch die Teilungen in zahlreiche Linien ihre Macht schwächten. Daher schien ihnen ein neuer Aufschwung bevorzustehen, als Markgraf Waldemar seit 1309 fast den ganzen großen Besitz der Askanier, der sich nach allen Seiten weit über das Gebiet der heutigen Provinz Brandenburg erstreckte, in seiner Hand vereinigte. Aber die zehnjährige Herrschaft dieses glänzenden und kriegslustigen Markgrafen war doch nur wie ein leuchtendes Aufflammen vor dem Erlöschen der Askanier in der Mark. Welch ein Verhängnis, daß dies Geschlecht, das nicht lange vorher neunzehn Markgrafen zu gleicher Zeit hervorgebracht haben soll, schon ein Jahr nach des kinderlosen Waldemars Tode 1320 ausgestorben war!

Da brach das Unheil über die Mark herein. Alle neidischen Nachbarn streckten ihre Hände aus, um von der herrenlosen reichen Beute für sich ein Stück zu erhaschen. Das Volk aber, wie oft in den Zeiten der Not nach dem Untergange eines großen Herrscherhauses, wollte nicht an das Ende des Askanischen Stammes glauben, sondern meinte, daß Waldemar noch lebe und einst wiederkehren werde, um die Räuber seines Erbes zu züchtigen.

Aber nicht von den norddeutschen Nachbarn, die um den Besitz der Mark stritten, sondern aus dem deutschen Süden kam das neue Herrschergeschlecht der Mark. Ludwig der Bayer, aus dem Stamme der Wittelsbacher, der 1314 die deutsche Königswürde erlangt hatte, benutzte das alte Recht des Reichsoberhauptes, durch Aussterben erledigte Reichsfürstentümer neu zu besetzen, um in der Mark für sein eigenes Haus Gewinn zu erlangen. Denn seitdem durch die Wahl der Kurfürsten die deutsche Krone in verschiedenen Fürstenfamilien wechselte, mußte eine jede darauf sehen, die königlichen Befugnisse zur Stärkung der eigenen Hausmacht zu gebrauchen, ohne die der König seiner Politik keinen Nachdruck geben konnte. Darum hat Ludwig der Bayer 1324 die Mark seinem Sohne Ludwig übertragen.

Die Wittelsbacher haben von 1324 bis 1373 in der Mark regiert. Aber sie konnten in ihr doch nicht recht Fuß fassen. Die römische Kirche, die den Vater bekämpfte, hinderte auch das Erstarken der Söhne; vollends als Kaiser Ludwig der Bayer 1347 starb und die deutsche Krone auf den Luxemburger Karl IV. von Böhmen überging, der sofort die Mark für sich begehrte, hatten die Wittelsbacher einen schweren Stand. Damals konnte, bei der Sehnsucht des Volkes nach Schutz vor den gierigen Nachbarn, jener rätselhafte Greis Anhang finden, der, unter dem Namen des „Falschen Waldemar“ bekannt, von den Feinden der Wittelsbacher eine Zeitlang auf den Schild gehoben wurde.

Den Unruhen und Wirren dieser Zeit machte noch einmal ein kräftiger Herrscher ein Ende; eben jener Karl IV. aus dem Geschlecht der halbfranzösischen Luxemburger, denen es vor vier Jahrzehnten geglückt war, das reiche Königreich Böhmen zu gewinnen. Karl IV.

hatte als deutscher Kaiser vor allem die Vergrößerung seiner böhmischen Hausmacht im Auge und er setzte alles daran, die Wittelsbacher aus Brandenburg zu verdrängen, um mit diesem Gebiete seine große Herrschaft bis zur Ostsee auszudehnen. In der That gelang es ihm, den letzten Wittelsbacher Otto 1373 mit einer Geldsumme abzufinden und die Mark zu erwerben, die nun bis 1415 im Besitze der Luxemburger geblieben ist. Wenn auch die Gefahr vorlag, daß die Mark bald nur einen Teil jenes gewaltigen böhmischen Reiches bilden würde, das sich von Mähren über Schlesien und die Lausitz bis zur untern Elbe erstreckte, so war doch wieder Friede eingekehrt, und Karl IV., als sorgsam rechnender Landesherr, verfehlte nicht, dem Handel auf den wichtigen Straßen durch die Mark Sicherheit zu verschaffen und in dem nach ihm genannten „Landbuche“ die Besitzverhältnisse innerhalb der Mark genau feststellen zu lassen.

Als aber Kaiser Karl IV. 1378 starb, brachen aufs neue schlimme Zeiten für die Mark herein. Er hatte dies Gebiet seinem zweiten Sohn Sigismund hinterlassen; dieser aber, durch seine Heirat ganz in polnisch-ungarische Unternehmungen hineingezogen, hat in den nächsten dreißig Jahren seinen märkischen Besitz nur als Geldquelle betrachtet, aus der er die Mittel für seine auswärtige Politik gewinnen wollte. Damit begann die traurigste Periode für das einst so mächtige und blühende Land. Die starke Herrschaft, die hier die Askanier aufgerichtet hatten, ging fast ganz verloren; eines der landesherrlichen Rechte nach dem andern wurde an den Adel und die Städte für Geld verschleudert. Kein kräftiger Arm schützte mehr die Wehrlosen und verhinderte die Übergriffe der Gewaltthätigen; so nahm Raub und Frevel überhand: der Kaufmann konnte nicht mehr seine Straße ziehen, ohne daß Wegelagerer ihn niederwarfen und ausplünderten. Mächtige Adelsgeschlechter, wie die Quitzows, hausten in der Zeit von 1390 bis 1410 furchtbar in dem mehr und mehr verarmenden Lande, kehrten sich an keine Obrigkeit, sondern schlossen wie selbständige Herren Bündnisse mit den Nachbarfürsten, sagten Fehde an, besonders den wohlhabenden Städten, und erpreßten den Schwächeren hohes Lösegeld.

Um durch den Besitz der Mark Brandenburg neue Einnahmen zu erhalten, gab Sigismund sie 1388 seinem Vetter Jobst von Mähren zum Pfand, der, ebenso klug berechnend wie geldgierig, Burgen, Gerechtsame, ja selbst die Statthalterwürde an Fürsten und Adelige verpfändete und verkaufte. Immer furchtbarer gestalteten sich die rechtlosen Zustände in der Mark; wohl konnten bei diesem Kriege Aller gegen Alle die mißhandelten Bewohner fragen: „Wann wird der Retter kommen diesem Lande?“

Aber schon war 1412 der neue Statthalter aus dem Zollernstamm, der Burggraf Friedrich VI. von Nürnberg, auf dem Wege in die Mark, der er Frieden und Gerechtigkeit wiederzugeben berufen war.

* * *

In denselben Tagen war auch über ein anderes blühendes Gebiet der deutschen Kolonisation das Unglück hereingebrochen: auch für Preußen kam dann die Rettung von den Hohenzollern, deren Königtum später von dieser fernen Ostmark des Deutschtums seinen Namen empfangen sollte.

Auf dem engen Bezirk, der von dem untern Laufe der Weichsel und dem Pregel durchzogen wird, wohnten im Mittelalter die heidnischen Preußen, ein tapferes Volk, das seine Religion und Freiheit sich noch bewahrte, als rings schon überall Slaven und Deutsche die Grenzen besetzt hatten. Ihren Nachbarn, den Polen an der Weichsel, waren sie um 1200 so gefährlich geworden, daß diese sich nach auswärtiger Hilfe umsahen und solche endlich bei dem deutschen Orden fanden, der bis dahin tapfer in Palästina gegen die Sarazenen gekämpft hatte, dann aber, als die Kreuzzüge ebbten, in Europa ein Feld für seine Aufgabe, die Besiegung und Bekehrung der Heiden, suchte. Unter dem großen Hochmeister Hermann von Salza drangen seit 1230 die Deutschordensritter über die Weichsel zum Angriff vor, der nach fünfzig Jahren blutiger Kämpfe mit dem Siege der Deutschen über die heidnischen Preußen endete. Nun eröffnete sich auch hier dem Deutschtum ein reiches Gebiet für seine kolonisatorische Begabung. Zahlreiche Ansiedler strömten aus dem deutschen Westen herbei und gründeten unter dem Schutze der Ordensburgen Dörfer und Städte — darunter 1254 Königsberg am Pregel im bernsteinreichen Samland —, dämmten die Weichsel ein und gewannen fruchtbaren Boden für den Anbau. Auch der Hochmeister verlegte 1309 seinen Wohnsitz nach Preußen in des Ordens Haupthaus an der Nogat, die Marienburg, die bald zum herrlichsten Profanbau des Mittelalters ausgestaltet wurde. Unter dem klugen Hochmeister Winrich von Kniprode war der deutsche Orden in Preußen um 1375 der kräftigste und reichste Staat Ost-Europas; die Energie seiner Politik und die Geldmittel, die ihm durch seinen ausgebreiteten Handel zur Verfügung standen, machten ihn geehrt und gefürchtet bei Polen, Litauern und auf der Ostsee.

Und doch war diesem Staate nur ein kurzes glänzendes Dasein beschieden: in seinem Wesen enthielt er auch den Keim raschen Unterganges. Die Aufgabe der Ordensritter war der Kampf gegen die Heiden; als aber die Litauer zum Christentum übertraten, hörte dieser Zweck auf. Da überdies ihr Großfürst Jagiello 1386 durch Heirat König von Polen wurde, drohte dem Orden aus dieser Vereinigung seiner Feinde Gefahr. Dann aber hatte er im eigenen Lande keine Wurzeln. Seine Regel machte ihm Ehelosigkeit zur Pflicht; er ergänzte sich stets aus westdeutschen Rittern, die sich streng von den preußischen Unterthanen abschlossen. Diese verlangten vergebens nach Teilnahme an der Regierung und wandten sich den Polen zu, die ihnen eine trügerische Freiheit versprachen. Eine tiefe Kluft that sich auf zwischen dem Orden und seinen Unterthanen, als es 1410 zum Kriege mit Polen kam und in der Schlacht bei Tannenberg der Orden eine Niederlage erlitt, von der er sich nie mehr erholen konnte. 1466 verlor er dann an Polen seine ganze westliche Hälfte mit Danzig, Marienburg und Thorn; in der östlichen führte er noch eine Zeitlang ein schwächliches Dasein, bis ein Hochmeister aus der fränkischen Linie der Hohenzollern, Albrecht von Brandenburg, 1525 sich entschloß, den geistlichen Ritterorden, der in der neuen Zeit der Reformation keinen Sinn mehr hatte, in ein weltliches Herzogtum zu verwandeln. War dies auch zunächst von Polen abhängig, so blieb es doch im Hause der Hohenzollern, und damit war die in Zukunft so bedeutsame Verbindung Preußens mit der Mark angebahnt.

Friedrich I. bei der Belagerung der Quitzow'schen Burg Friesack. (1414.)

Die Kurfürstenzeit.

Der erste Hohenzoller, der den Namen seines alten Geschlechts mit der Mark Brandenburg verknüpfte, **Friedrich I. (1411—1440),** war ganz der Mann, dieser verheißungsvollen Verbindung auch bereits den sicheren Untergrund zu schaffen, dessen sie bedurfte, um fest zu werden und zu dauern. Friedrich I. gehörte zu den bedeutendsten Persönlichkeiten seines Jahrhunderts. In bescheidener Frömmigkeit nannte er sich „Gottes schlichten Amtmann an dem Fürstentum"; in den furchtbaren religiösen Gegensätzen jener Zeit, besonders in den Hussitenkriegen, verfolgte er eine duldsame, vermittelnde Richtung. Er war hoch gebildet und sprach mehrere fremde Sprachen; an allen politischen Geschäften des deutschen Reiches war er beteiligt, fast immer in führender Stellung, mit unermüdlichem Eifer bestrebt, die Wirren der Zeit zu ordnen; kein kleinlicher Diplomat, sondern ein echter Staatsmann mit großen Ideen; in berechtigter Weise auf die Förderung seines Interesses bedacht, aber doch mehr als irgend einer seiner Genossen von kleinfürstlicher Selbstsucht sich erhebend zum Wirken für des gesamten Reiches Wohl.

Ein ungeheuer schweres Werk war ihm auferlegt: die verheerte und verarmte Mark in gesetzlichen Zustand zurückzuführen, die Wunden zu heilen, die dreißig Jahre der Unordnung und Vernachlässigung dem einst so kräftigen deutschen Grenzlande geschlagen hatten. Und er hat dies vollbracht, hat das Fundament gelegt, auf dem seine Nachkommen weiter bauen konnten, obschon ihm seine mühevollen Geschäfte im Dienste des Kaisers Sigismund noch nicht erlaubten, sich seinem neuen Lande dauernd zu widmen.

Nachdem Sigismund den Burggrafen, dem er soviel zu verdanken hatte, 1411 zum „vollmächtigen gemeinen Verweser und obristen Hauptmann" der Mark bestellt hatte, brach Friedrich im Sommer 1412 dorthin auf, damit das Land wieder „in ein redlich Wesen gebracht" würde. Trotziger denn je stellte sich der Raubadel, voran die Quitzows, dem neuen Fürsten, den sie als „Nürnberger Tand" verachten zu dürfen glaubten, entgegen. Auch die Städte, so sehr sie eines Schützers bedurften, waren doch auf ihre Unabhängigkeit eifersüchtig; so weigerte sich die Doppelstadt Berlin-Cölln, ihre Thore dem neuen Herrn zu öffnen, wenn sie ihm auch die Huldigung nicht versagte. Aber Friedrich hat auch hier sofort sein großes diplomatisches Geschick bewährt; durch kluge Verhandlungen wußte er die Stände zu sich hinüberzuziehen, bis er stark genug war, im Februar 1414 zum Schlage gegen die Quitzows und ihre Genossen auszuholen. Von allen Seiten zu gleicher Zeit ließ er ihre Burgen angreifen, und auch die stärksten, Friesack und Plaue, konnten den „Büchsen" der Belagerer, jenen neuen, schwere Steinkugeln schleudernden Geschützen — deren eines von der Sage „die faule Grete" genannt wird — nicht widerstehen. Und als Friedrich nun Brandenburg verließ, um sich wieder der großen Reichspolitik zu widmen, da konnte ein Chronist von ihm rühmen, daß er „so guten Frieden dem Lande verschafft habe, wie dasselbe seit Karls IV. Zeiten nicht mehr genossen hatte, daher man es als eine besondere Schickung der Gnade des Allmächtigen pries". Nach solchen Erfolgen hat der Kaiser seinem Freunde, dem Burggrafen, 1415 auf der Kirchenversammlung in Konstanz die

Friedrich I. von Kaiser Sigismund in Konstanz mit der Kurmark belehnt. (1417.)

Mark nebst der Kur- und Erzkämmerer-Würde übertragen und zwei Jahre später am 18. April 1417 ebendort die feierliche Belehnung gewährt.

Inzwischen war Friedrich I. zum zweitenmal in seinem neuen Gebiete gewesen und am 18. Oktober 1415 in Berlin zur Huldigung eingezogen. Durch Gnaden und die Zusicherung von Straflosigkeit gewann er einen nach dem andern von den trotzigen Vasallen; indem er allen Unterthanen den gleichen Schutz gegen Unrecht und Gewalt zusagte, überzeugte er sie davon, daß er nicht wie seine Vorgänger die Herrschaft in der Mark nur als Mittel zum Gelderwerb, sondern als eine ernste Aufgabe und Pflicht betrachte, die er in dem „halbverlorenen Lande“ gegenüber den „Tyrannen“ auf sich genommen habe.

Noch zweimal, 1420 und 1425, ist Friedrich nach Brandenburg gekommen, um die Ordnung zu fördern und die feindlichen Nachbarn, welche von Pommern und Mecklenburg in die Mark eingefallen waren, zurückzuwerfen. Aber immer mehr nahm ihn die Not des Reiches in Anspruch, immer schwieriger wurde seine Stellung inmitten der streitenden Gewalten des Ostens. Die gefährliche Bedrängnis Deutschlands durch die Hussiten, die selbst bis nach Brandenburg ihre verheerenden Züge richteten, hat er, als oberster Hauptmann des Reiches, nicht sowohl durch siegreiche Waffen, als durch kluge Verhandlungen endlich zum Stillstand gebracht. Die deutsche Krone, die ihm vor allen nach Sigismunds Tode gebührte, mußte er 1437 dem Hause Habsburg überlassen, die böhmische schlug er aus. In die Mark ist Friedrich seit 1426 nicht mehr gekommen. Hier hat sich sein ältester Sohn Johann nur mit Mühe der wieder erstarkenden äußeren und inneren Feinde erwehrt; nicht ihn, sondern seinen zweiten Sohn Friedrich hat der Vater 1437 zu seinem Nachfolger in der Kurmark bestellt. 1440 ist Friedrich I. hochbetagt auf der Kadolzburg bei Fürth gestorben.

Hervorragend waren die Leistungen dieses größten der Nürnberger Burggrafen in dem Getriebe der Reichspolitik, aber seine unvergängliche geschichtliche Bedeutung wird man doch immer in der Erwerbung und Sicherung seines neuen norddeutschen Gebietes sehen müssen. Und hier kommt nicht allein sein Wirken im Innern in Betracht, sondern auch sein Verhältnis zu Pommern, Schlesien, Magdeburg, wo er überall schon die Richtung gewiesen hat, in der seine Nachfolger zu höheren Zielen fortschreiten sollten. Vor allem aber ist das gute Geschick zu preisen, das ihn in dem Augenblick die Mark in feste Hut nehmen ließ, wo jener noch weiter vorgeschobene Grenzposten des Deutschtums, das Land des deutschen Ordens in Preußen, dem andringenden Slaventum erlag. Als im Jahrhunderte vorher Brandenburg gänzlich von seiner einstigen Höhe herabgesunken war, hatte der Ordensstaat in höchster Blüte gestanden; jetzt, als 1410 die Deutschritter bei Tannenberg durch Polen und Littauer eine Niederlage erlitten hatten, von der sie sich nie mehr erholen konnten, traten die Hohenzollern in der Mark auf die Wacht und führten hier den starken Damm auf, an dem sich die Macht der Polen und Böhmen brechen sollte.

Friedrich II. (1440—1470). Friedrich II. hatte sich bereits zu Lebzeiten seines Vaters mannigfach in der großen Politik bewährt. Wenn der Vater ihm, dem Zweitgeborenen, die Mark übertrug, die nun mit dem Kuramt von dem alten Besitze der Hohenzollern in Franken abgetrennt wurde, so hatte er damit der Bedeutung jener neuen Erwerbung und dem Vertrauen auf diesen hochbegabten Sohn zugleich Ausdruck gegeben. In der That war es ja von der höchsten Wichtigkeit, daß jetzt die seßhafte Herrschaft des Zollernstammes in der Mark begann, deren Bewohner nun erst mit dem neuen Fürstentum verwuchsen, als sie es nicht mehr durch auswärtige Geschäfte und Güter der Sorge um ihr Wohl entfremdet sahen. So ist das Antrittsjahr Friedrichs II. 1440 ein bedeutsames Datum in der preußischen Geschichte: noch mehrmals sollte in späteren Jahrhunderten mit dem Jahre vierzig eine glorreiche Thronfolge im Hohenzollerngeschlechte beginnen.

Wenn Friedrich II. „der Eiserne“ oder „Eisenzahn“ zubenannt wurde, so ist damit treffend seine Art bezeichnet, die mit höchster Besonnenheit sich dem Ziele näherte, aber zäh und eisern festhielt, was mühsam errungen war. Im übrigen war gerade er ein edler und religiöser Charakter, ganz verschieden von den vielfach rohen Naturen seiner fürstlichen Zeitgenossen. So hat er schon 1440 den Schwanenorden gegründet, dessen ritterliche Mitglieder durch frommen Wandel ein gutes Beispiel geben sollten; so ist er später nach Rom und zum Heiligen

Friedrich II. bei der Gründung des Schlosses an der Spree. (1443.)

Grabe gepilgert. Seinen Vasallen gebot er, den Sonntag zu heiligen und ihre Leute an diesem Tage nicht zum Arbeiten zu zwingen. Aber wo es der Befestigung seiner Herrschaft galt, verfuhr er mit straffer Energie; vor allem im Kampfe mit der Doppelstadt Berlin-Cölln.

Der neue Landesfürst mußte sofort die Notwendigkeit fühlen, sich in der Mark eine Residenz zu schaffen. Und mit richtigem Blicke hat Friedrich II. nicht die altberühmten Städte auf dem linken Elbufer, Stendal und Tangermünde, auch nicht Brandenburg an der Havel, sondern das eben erst aufblühende **Berlin** erkoren, dessen mehr östliche Lage in der Mitte zwischen Elbe und Oder, Meer und Gebirge die günstigste Entwickelung verhieß. Was dem Vater noch nicht gelungen war, erreichte der Sohn, indem er 1442 plötzlich mit seinen Reitern vor dem Spandauer Thore erschien, Einlaß erzwang und die Bürgerschaft für sich in Eid nahm. Und als dann 1447 noch einmal die eigenwilligen Patrizier sich gegen das ungewohnte Regiment empörten, da bestrafte Friedrich diesen „Berliner Unwillen" mit der Entziehung wichtiger städtischer Vorrechte. Schon vorher hatte er mit dem Bau einer Burg begonnen, welche, in glücklich gewählter Lage an der Spree zwischen den beiden Städten Berlin und Cölln, die trotzige Bürgerschaft im Zaume halten sollte. Das sind die **Anfänge des Berliner Schlosses**, das in seinem Wachsen von der einfachen Burg bis zur stolzen Königsresidenz das ruhmvolle Aufsteigen des Zollerngeschlechts und seiner Hauptstadt zugleich vor Augen führt.

Auch sonst hat Friedrich II. seine Macht erweitert und seinen Besitz gemehrt. So glückte es ihm, durch Kauf vom deutschen Orden die Neumark den Polen zu entreißen; er schreibt darüber an seine Söhne: „Daß die Neumark bei deutschen Landen bleibe und nicht zu undeutscher Zunge gebracht werde, das deucht mir gut, edel und rechtlich." Dagegen gelang es ihm nicht, seine Lehnshoheit auf Pommern-Stettin, dessen Herzogsgeschlecht ausstarb, durchzusetzen und damit schon jetzt seinem Hause die notwendige Machtstellung an der Ostsee zu verschaffen. Die ihm angebotenen Kronen von Böhmen und Polen lehnte er ab, um seinem Lande, wie er aussprach, den Frieden zu erhalten; seine ganze Thätigkeit galt allein dem Wohle der Mark.

Seine letzten Jahre waren durch das Hinscheiden seiner nächsten Angehörigen getrübt. Als ihm auch sein einziger Sohn entrissen wurde, dankte er 1470 in schwermütiger Entsagung zu Gunsten seines Bruders Albrecht ab, nachdem er kurz zuvor noch den Dom an der Spree angelegt hatte. 1471 ist er auf der Plassenburg bei Kulmbach gestorben.

Albrecht Achilles (1470—1486). Friedrichs I. dritter Sohn Albrecht hat noch einmal den ganzen Hausbesitz der Hohenzollern in seiner Hand vereinigt. Wie sein Vater hat auch er in der Politik des Reiches eine bedeutende Rolle gespielt. Die Mark stand ihm in zweiter Linie; er hat sie durch seinen Sohn und Nachfolger Johann verwalten lassen und ist nur dreimal auf kürzere Zeit dorthin gekommen. Daß ein Fürst von der glänzenden Art Albrechts seine schönen fränkischen Lande nur ungern mit der armen Mark und ihren rauhen Bewohnern vertauschte, ist begreiflich. Dennoch hat er auch hier kräftig eingegriffen, indem er den Ständen befahl, „Straßenräubern nachzujagen, den Prozeß zu machen und ohne Ansehen der Person gegen Beschädiger zu verfahren, weil er als Regierer des Landes verpflichtet sei, dessen Sicherheit zu erhalten". In Kriegen mit den pommerschen und schlesischen Fürsten erlangte er eine günstige Abrundung seines Gebietes; vor allem sorgte er 1473 durch Erlaß des nach ihm genannten **Hausgesetzes** (Dispositio Achillea) dafür, daß in Zukunft die Hohenzollerschen Besitzungen nicht durch Zersplitterung geschwächt würden, indem er festsetzte, daß die Mark überhaupt nicht, das fränkische Territorium höchstens in zwei Teile geteilt werden dürfte.

Bei all diesen Maßregeln erfreute sich Albrecht der Beihilfe eines klugen Ratgebers, der auch schon seinem Vorgänger getreulich gedient hatte: des Bischofs von Lebus, **Friedrich Sesselmann**. Er ist der erste in der Reihe der großen Kanzler, die — wie Distelmeier, Cocceji, Hardenberg, Bismarck — im Laufe der Jahrhunderte um das Aufsteigen des Staates der Hohenzollern sich unsterbliche Verdienste erworben haben. Sesselmann war zu Friedrichs I. Zeiten Pfarrer in Kadolzburg, Friedrich II. nahm ihn nach Berlin mit; von da an hat er geschickt zwischen der neuen Herrschaft und der Kirche vermittelt, die allein noch in dem zerrütteten Lande ihre Gerichtsgewalt bewahrt hatte. Unter Albrecht

Albrecht Achilles im Kampfe gegen die Nürnberger. (1449.)

war er noch zehn Jahre lang Statthalter der Mark, „also daß der genannte unser Freund von Lebus“, wie ein Erlaß besagt, „neben unserm Sohne alle Dinge regniren soll.“

Albrecht war eine der glänzendsten Gestalten seiner Zeit. An der Neige des Mittelalters ist er der echte Repräsentant des Rittertums jener Epoche mit all seinen ruhmvollen und blendenden Eigenschaften. Überall ragt seine schöne, kraftvolle Erscheinung hervor, kein Anderer kommt ihm gleich im Turnier, im Kampf und im Rat. Mit den Nürnbergischen Nachbarn im Streite über seine Fürstengewalt hat er Wunder der Tapferkeit verrichtet, die ihm den Beinamen des deutschen „Achilles“ eintrugen: durch den dichten Haufen der Feinde bricht er sich Bahn, faßt das feindliche Banner mit mächtiger Faust und weithin schallt sein Siegesruf. „Ich kenne keinen reputirlicheren Ort, zu sterben“, so sagte er, „als inmitten meiner Feinde.“ In unzähligen Fehden und Verhandlungen hat er hartnäckig seine Rechte verfochten; seine Ritterehre geht ihm über alles, wie er denn einmal an den Kurprinzen schreibt: „Noch dann half Gott, daß wir ein ehrliches Abkommen erlangten, und ich wollte eher tot sein, als daß ich ein schändliches Abkommen einginge.“

Im Dienste des Reiches und des Habsburgers Friedrichs III. stieg Albrecht Achilles zu den höchsten Ehren empor; als Reichsfeldherr ist er 1474 gegen Karl den Kühnen gezogen. Getreu der Gesinnung seiner Vorfahren hat er die Sache des Kaisers mit Eifer vertreten und noch 1486 hat er sich, obwohl vom Alter gebeugt, auf dem Frankfurter Reichstag im Sessel in die Fürstenversammlung tragen lassen, um die Wahl des jungen Habsburgers Maximilian zum römischen Könige zu befürworten; hier in Frankfurt am Main hat ihn der Tod überrascht.

Johann Cicero (1486–1499). Mit Johann, dem Sohne Albrechts, hebt eine neue Epoche für die Mark an. Die große Zeit der ersten Hohenzollernfürsten war vorüber; nun begannen anderthalb Jahrhunderte ruhiger, nüchterner Arbeit, in denen das Zollerngeschlecht allmählich völlig mit der Mark verwuchs. Es sind keine glänzenden Persönlichkeiten, die in diesem Zeitraum in Brandenburg herrschen; in den wichtigen Entscheidungen der Reichspolitik und in der größten Bewegung jener Zeit, der Reformation, stehen sie nicht an erster Stelle; aber jeder dieser Kurfürsten hat in eifriger und pflichtbewußter Arbeit seine landesfürstlichen Aufgaben erfüllt und nach seinen Kräften dazu beigetragen die Mark in die geordneten Zustände der neuen Zeit hinüberzuführen, auf denen dann später wieder genialere Nachfolger kühner und vielseitiger weiter bauen konnten.

Schon Johann ist ein Muster für diese andersgeartete Natur der Markgrafen. Er war ja der erste seines Geschlechtes, der die Mark als einziges Gebiet besaß und dort schon seine Jugend verlebt hatte. So wirkte die Abtrennung der reichen fränkischen Hausgebiete auch wieder auf die Entwickelung der Mark. Johann zog sich von der großen Politik zurück, und wenngleich er als trefflicher und feingebildeter Redner auf vielen Reichstagen und Fürstenversammlungen den Beinamen des deutschen Cicero erwarb, so blieb ihm doch nicht der Vorwurf erspart, daß der Ruf und die Geltung der Kurmark im Reiche zurückgegangen sei. Aber Johann hatte richtig erkannt, daß nur eine mühsame und friedliche Thätigkeit ohne viel Glanz und Ruhm die traurigen Zustände der Mark bessern könne, wo es mehr Barbarei und Plünderung als irgendwo gebe. Daher führte er auch keine Kriege mit den Nachbarn, sondern zog es vor, selbst unter Opfern mit ihnen Verträge zur Auslieferung räuberischer Edelleute einzugehen. So sah er endlich doch Erfolge; die Stände schlossen sich fester an ihn an, wobei besonders die märkischen Bischöfe von Havelberg, Brandenburg, Lebus mit gutem Beispiel vorangingen. Ja selbst die lästige Abgabe vom Bierausschank, die „Bierzise“, welche Albrecht Achilles nicht durchgesetzt hatte, wurde jetzt von den Städten bewilligt; nur Stendal mußte von Johann erst mit Waffengewalt dazu gezwungen werden.

So kamen allmählich für das verarmte Land und seinen Markgrafen, der sorgenvoll oft nicht gewußt hatte, wie er den Unterhalt für seinen Hof bestreiten sollte, bessere Zeiten. Zu dem materiellen Aufschwung gesellte sich der geistige: Brandenburg begann, wenn auch spät, seinen Anteil zu nehmen an den neuen Bildungselementen jener bedeutsamen Epoche des Humanismus. Märkische Junker suchten nun zum

Johann Cicero besucht die erste Buchdruckerei in Stendal. (Um 1490.)

Studium der antiken Wissenschaften und des römischen Rechts die italienischen und deutschen Universitäten auf, so daß der Kurfürst nicht mehr nötig hatte, seine obersten Räte und Richter aus Ober-Deutschland zu berufen: und auch dadurch wurde mehr und mehr die Kluft ausgefüllt, welche noch zwischen den Brandenburgern und dem aus der Fremde gekommenen Geschlechte ihrer Markgrafen bestand. Persönlichkeiten, wie der von Hutten hochverehrte Dietrich von Bülow, der später Bischof von Lebus wurde, erwiesen die Tüchtigkeit märkischer Edler in der feinen Bildung der Renaissance. Johann Cicero selbst förderte aufs eifrigste alles, was den Wissenschaften Vorschub leisten konnte; so interessierte er sich persönlich für das Gedeihen der Buchdruckerwerkstätten. Er hoffte diese Wirksamkeit zu krönen, wenn er nach dem Vorbilde so mancher seiner fürstlichen Genossen in seinem Lande eine Universität begründete. Schon hatte er die Mittel bewilligt und die Gelehrten ins Auge gefaßt, um in Frankfurt an der Oder eine Hochschule zu stiften, als der Tod 1499 den erst vierundvierzigjährigen Kurfürsten an der Vollendung dieses Lieblingswerkes verhinderte. Johann war der erste Hohenzoller, der in der Mark, und zwar im Kloster Lehnin, begraben wurde.

Joachim I., Nestor (1499—1535) übernahm als fünfzehnjähriger Jüngling die Regierung, die er dann 36 Jahre mit Kraft und nie rastendem Eifer geführt hat. Wie sein Vater, so war auch er beredt und angesehen im Rate der Fürsten, so daß er den Namen Nestor erhielt. Unermüdlich an dem arbeitend, was er für das Beste seines Landes und Hauses erkannt hatte, stellte er sich mit leidenschaftlicher Energie allem entgegen, was er für falsch und verderblich hielt, und dahin gehörte für ihn auch das Auftreten Luthers und die allesbewegende Entstehung und Ausbildung des Protestantismus. Gewiß spielten bei dieser Abneigung auch weltliche Dinge eine Rolle: so der von nun an durch Jahrhunderte sich hinziehende Gegensatz zwischen den Nachbarn Kurbrandenburg und Kursachsen, der sofort auch in der Eifersucht zwischen der sächsischen Universität Wittenberg und der märkischen Frankfurt zu Tage trat. Joachim hatte diese Schöpfung seines Vaters vollendet und 1506 eingeweiht; aber bald war seine Hochschule mit ihrer streng katholischen, ablaßfreundlichen Richtung überflügelt von dem großen Geburtsorte der Reformation Wittenberg. Auch das mag bei der Parteistellung Joachims mitgewirkt haben, daß sein jüngerer Bruder Albrecht, einer der glänzendsten Kirchenfürsten jener Zeit, vom Pabste zum Erzbischof von Mainz und Kardinal erhoben wurde. Aber vor allem war es doch die religiöse Sinnesart Joachims, die mit heftiger Zähigkeit an dem althergebrachten Glauben hing und mit persönlicher Schärfe Luthern und seiner Lehre entgegentrat. So kam es, daß Joachim, der 1519 bei der Kaiserwahl selbst nach der Krone gestrebt, dann den französischen König Franz I. begünstigt hatte, sehr bald fest zu Kaiser Karl V. stand; so verband er sich 1525 mit gleichgesinnten Fürsten, um zu verhindern, daß man sie „von der Religion dränge". Dadurch hat er allerdings seinem Lande die Unruhen der Schwarmgeister und des Bauernkrieges erspart; aber auf die Dauer ließ sich die neue Lehre auch in der Mark nicht zurückdrängen. In seiner eigenen Familie sah Joachim mit Groll Anhänger des evangelischen Bekenntnisses, und es half nichts, daß er seine Gemahlin Elisabeth von Dänemark, die heimlich zu jenem übergetreten war, verstieß und seine Söhne im Testamente beschwor, dem alten Glauben treu zu bleiben.

Von größerem Segen ist dagegen sein praktisches Wirken gewesen. Am bekanntesten ist ja in dieser Hinsicht sein rücksichtsloses Vorgehen gegen die Raubsucht des märkischen Adels. Wie tief mußte doch dies Unwesen in den Zuständen jener Zeit wurzeln, wenn die, ein Jahrhundert hindurch fortgesetzten Maßregeln der Regierung zu seiner Ausrottung es noch immer nicht beseitigt hatten! Die wachsende Gewalt der Landesfürsten und der aufblühende Wohlstand der Städte bedrohte immer mehr die Existenz der Ritter, die jetzt zahlreich als Buschklepper und Stegreifritter ihren Gewinn auf den Straßen im Niederwerfen der Kaufleute suchten. Da ist nun Joachim mit unerbittlicher Strenge gegen die Landfriedensbrecher eingeschritten, hat wohl an fünfzig rückfällige „Stellmeiser" hinrichten und sich weder durch die Drohungen ihres adligen Anhangs noch durch den Vorwurf, daß er ein Feind der gesamten Ritterschaft sei, einschüchtern lassen. Bald hat die Sage dann diese Vorgänge

Joachim's I. Strafgericht gegen den Raubritter von Lindenberg. (Um 1504.)

ausgeschmückt und den Kurfürsten in seinem Freunde, einem Herrn von Lindenberg, einen Raubritter entdecken und bestrafen lassen.

Unermüdlich hat Joachim I. auch sonst für die Ordnung von Recht und Gerechtigkeit gewirkt. In derselben Zeit, wo das römische Recht siegreich auch in die Mark eindrang, hat Joachim das Kammergericht in seinem Schlosse als sein oberstes Hofgericht einzurichten begonnen, von dessen 12 Beisitzern vier vom Kurfürsten, acht von den Ständen ernannt werden sollten. Er führte das nach ihm benannte Rechtsbuch (Joachimica) für eheliches Güter- und Erbrecht ein, das noch bis in unsere Zeit geltend war; er hat durch eine Polizeiordnung die Parteiungen innerhalb der Städte zu beseitigen versucht und die Steuern der Stände durch den an die Regierung zu zahlenden Hufenschoß geregelt. In diesen juristischen, aber auch in seinen religiösen Maßregeln war der Kanzler Kettwich aus Leipzig, früher Rektor der Universität Bologna, sein Berater.

War so durch Joachim die kurfürstliche Herrschaft stärker befestigt, so hat er andrerseits zuletzt noch zu ihrer Schwächung beigetragen, indem er gegen das Hausgesetz sein Land unter seine beiden Söhne Joachim und Johann teilte, von denen der eine die Kurmark, der andere, Hans von Küstrin genannt, die Neumark erhielt. 1535 ist Joachim I. gestorben.

Joachim II., Hektor (1535—1571) war schon 1522 als Kurprinz im Alter von siebzehn Jahren als Hauptmann des niedersächsischen Kreises gegen die Türken gezogen und von Karl V. nach einem rühmlichen Treffen bei Wien zum Ritter geschlagen worden. Es sollte nicht das letzte Mal sein, daß brandenburgische Truppen dem Kaiser gegen die osmanische Gefahr zu Hilfe kamen. Kurfürst Joachim II. hat dann 1542 als Reichsfeldhauptmann wiederum ein deutsches Heer gegen Sultan Suleiman nach Pest geführt; aber wenn er auch durch seinen persönlichen Mut den Beinamen Hektor errang, so hat er damals doch nichts Entscheidendes ausrichten können.

Um so wichtiger war sein Verhalten in der großen Sache der Reformation. Joachim II. war, wie sein Bruder Hans, trotz der Strenge des Vaters schon seit langer Zeit der neuen Lehre zugeneigt. Dennoch dauerte es noch fünf Jahre nach seinem Regierungsantritt, bis er zu ihr übertrat. Denn, unähnlich dem Vater, war er eine milde, versöhnliche Natur, immer geneigt, zwischen den kirchlichen Gegensätzen zu vermitteln. Aber die märkische Bevölkerung war bereits großenteils von der lutherischen Lehre ergriffen, und schließlich konnte der Kurfürst dem Drängen der Städte und des Adels, an dessen Spitze der kluge Eustach von Schlieben stand, nicht länger ausweichen, zumal selbst die Geistlichkeit, unter der Führung des bedeutenden Bischofs von Brandenburg, Matthias von Jagow, die Reformation begünstigte. So folgte denn Joachim II. dem Beispiel seines kühneren und freieren Bruders Hans von Küstrin, der schon 1538 den entscheidenden Schritt gethan hatte, und empfing am 1. November 1539 in Spandau durch Matthias von Jagow das Abendmahl in beiderlei Gestalt; am nächsten Tage folgte die Stadt Berlin nach. In einer von Melanchthon entworfenen Schrift verteidigte der Kurfürst seinen Entschluß, indem er von der wahren Lehre nicht abgewichen zu sein, sondern es als seine Gewissenssache erklärte, in dem religiösen Zwiespalt das gesunkene Ansehen des Gottesdienstes und der Kirchenzucht wieder herzustellen.

Auch jetzt gehörte Joachim keineswegs zu den eifrigen evangelischen Fürsten. In den märkischen Kirchengebräuchen wurde — mit Luthers Zustimmung — mancherlei aus der katholischen Zeit beibehalten; und in der Reichspolitik hat Joachim nicht aufgehört, zwischen dem Kaiser und den in Schmalkalden geeinigten protestantischen Fürsten zu vermitteln. So hat er, als diese 1546 von Karl V. besiegt waren, im Augsburger „Interim" einen Ausweg finden wollen; als dann Moritz von Sachsen durch seinen Angriff auf den Kaiser die lutherische Sache rettete, schloß sich ihm Hans von Küstrin, nicht aber Joachim an, der neutral blieb und daher bei keiner Partei Dank erntete. Andrerseits hat Joachim II. alle Versuche von sich gewiesen, die ihn wieder zum Katholizismus zurückführen sollten; als der Papst 1560 zwei Bischöfe in dieser Absicht nach Berlin sandte, blieb der Kurfürst fest bei seinem Bekenntnis und schloß die Besprechungen mit energischer Ablehnung.

Joachim II. als Reichsfeldhauptmann im Türkenkriege. (1542.)

Bald zeigte sich in der Mark der Einfluß der Reformation, die auch durch die Erwerbung der obersten kirchlichen Gerichtsbarkeit die Machtmittel des Landesherrn steigerte. Joachim verstand es, sich treffliche Ratgeber für diese Angelegenheiten zu wählen: der Kanzler Weinleb, aus bürgerlich märkischer Familie, hat nicht nur das Kammergericht reformiert, sondern 1543 auch das erste märkische Konsistorium ins Leben gerufen. Dann trat 1550 Lamprecht Distelmeier in brandenburgische Dienste, der bald als Kanzler in Verwaltung und Politik eine hervorragende Stellung einnahm. Er hat es 1569 erreicht, daß die märkischen Hohenzollern die Mitbelehnung mit dem Herzogtum Preußen erhielten, wodurch die in Zukunft so bedeutungsvolle Verbindung des alten Ordenslandes mit Brandenburg vorbereitet wurde.

Joachim II. war ein Freund der Wissenschaften. Die gesunkene Universität Frankfurt hob er, indem er ihr Kirchengüter überwies und tüchtige Lehrer herbeizog. Wohnte er den Universitäts-Feierlichkeiten bei, so ließ er wohl den Rektor zu seiner Rechten gehn und sagte, wenn dieser zurücktrat: „Wir wollen's also gehabt haben".

Diese Milde und Freigiebigkeit des lebenslustigen, prunkliebenden Fürsten gereichte aber seiner Herrschaft nicht zum Segen. Die Schuldenlast mehrte sich, die Stände kamen für die Bezahlung nur gegen neue Privilegien auf, wucherische Ausbeuter drängten sich an den sorglosen Herrn, der seine Festlichkeiten doch nicht einschränken mochte. So kamen die Finanzen in Unordnung, während der sparsame Hans von Küstrin seinen Schatz füllte.

Joachim starb 1571 plötzlich auf der Jagd, wenige Tage später sein kinderloser Bruder Hans. Dadurch ging die Mark wieder in den Besitz eines Fürsten, des Sohnes Joachims II., über.

Johann Georg (1571—1598). In der Geschichte der Hohenzollern ist es keine Seltenheit, daß sich in zwei aufeinander folgenden Herrschern schroffe Gegensätze ausprägen. So folgte jetzt auf den milden und prachtliebenden Joachim II. sein strenger und sparsamer Sohn Johann Georg. Dem höfischen Treiben hatte er sich fern gehalten, dann als Verwalter des Erzbistums Magdeburg eine treffliche Schule durchgemacht; er stand jetzt im 45. Lebensjahre. Während er sofort die Räte und Helfer des Vorgängers entließ und bestrafte, mochte er doch die Dienste Lamprecht Distelmeiers nicht entbehren; der hochangesehene Kanzler, dem seit 1577 sein Sohn Christian an die Seite trat, blieb ihm bis zu seinem Tode 1588 bei der Reform von Justiz und Verwaltung thätig zur Seite.

Zunächst ging Johann Georg daran, einen knappen und sparsamen Hofhalt einzuführen. Die Schuldenlast mußte vermindert werden, was sich nicht ohne Zugeständnisse und Machtsteigerung des Adels und der Städte erreichen ließ. So sehr auch die landesherrliche Gewalt bereits in alle Teile der Verwaltung eingriff und nach Kräften Ackerbau, Forsten, Domänenbewirtschaftung, Gewerbe und Unterricht zu heben bestrebt war, so scheiterten ihre Bemühungen nur zu oft an den Privilegien der adligen Gutsherren und städtischen Obrigkeiten. Diese übten auf ihre Bauern einen so harten Druck aus, daß Johann Georg 1572 mahnen mußte, die armen Leute „nicht unchristlich über Gebühr mit Frohnden zu belegen". Schon früh treten somit die Hohenzollernfürsten als Schützer und Freunde der bedrückten und belasteten untersten Volksschichten hervor.

Am stärksten merkte man den Umschwung der Dinge unter Johann Georg in den religiösen Sachen. Die märkische Kirche sollte nicht mehr, wie unter Joachim II., ein Mittelding zwischen Katholizismus und Protestantismus bilden, sondern die lutherische Lehre in vollem Umfang durchgeführt werden, wofür eine neue Kirchenordnung und geregelte Visitationen sorgten. Johann Georg war ein eifriger Förderer der Konkordienformel, durch welche die Eintracht unter den Evangelischen hergestellt werden sollte, in Wirklichkeit aber das strenge Luthertum über die freiere Auffassung Melanchthons obsiegte. Damals hat sich die Kluft zwischen Lutherischen und Reformierten unheilvoll vertieft, deren einmütiges Zusammenstehen gegenüber der Wiedererstarkung des Katholizismus in Deutschland doch so dringend geboten war.

So wurde die Mark jetzt hartlutherisch; die Geistlichen und Räte des Kurfürsten konnten sich in der Verdammung der Calvinisten nicht genugthun. Johann Georg selbst war von dieser Unduldsamkeit weit

Johann Georg bei der Anlage der Festung Spandau. (Um 1580.)

entfernt, wie denn von ihm das Wort stammt: „es sei ein Zeichen vernünftiger Mäßigung, daß einer den andern bei seines Glaubens Bekenntnis lasse". So hat er reformierte Niederländer, die von der spanischen Tyrannei aus ihrer Heimat vertrieben waren, gastlich aufgenommen und sich ihres Gewerbfleißes zum Segen seines Landes bedient.

Johann Georg war vor allem bestrebt, der Mark den Frieden zu erhalten und auswärtige Verwickelungen schon aus Gründen der Sparsamkeit zu vermeiden. In der That gedieh das Land, die Wohlfahrt der Einwohner hob sich; die Sicherheit der Straßen, durch entlassene Söldner aufs neue gefährdet, hat der Kurfürst durch strenge Verordnungen gegen Räuber und „Fehder" gewahrt. Die Verbesserung der Schulen und die Gründung höherer Lehranstalten — so des Gymnasiums zum grauen Kloster in Berlin — wurde auch unter ihm nicht versäumt. Um in der Kurmark nun auch eine Landesfestung zu gründen, wie sie Hans von Küstrin schon für die Neumark in Peitz angelegt hatte, berief Johann Georg einen bedeutenden italienischen Staatsmann und Baumeister, Rochus von Lynar, in seine Dienste, der mit klugem Blick den wichtigen Punkt, wo Havel und Spree bei Spandau sich vereinigen, zur Befestigung wählte und dort nach den Regeln des modernen Festungsbaues eine Zitadelle errichten ließ.

Bei dieser stillen Friedensarbeit hat sich aber Johann Georg doch das Verständnis für künftige Vergrößerung seines Besitzes gewahrt. Bedeutsame Aussichten eröffneten sich damals den Brandenburger Hohenzollern an den beiden äußersten Grenzen Deutschlands. Im Herzogtum Preußen war das Aussterben der Ansbach-Zollerschen Linie zu erwarten, da Herzog Albrecht Friedrich keine Söhne hatte. Um den Anfall Preußens an Brandenburg noch mehr zu sichern, wurde 1594 seine Erbtochter Anna mit dem Enkel Johann Georgs, Johann Sigismund, vermählt. Damit aber erlangte man eine neue Anwartschaft: Anna war auch die Erbin ihrer Mutter Eleonore, der Schwester des letzten kinderlosen Herzogs von Jülich, Kleve und Mark, ihr Gemahl hatte daher Ansprüche auf diese reichen Gebiete am Niederrhein und in Westfalen. So schien den Brandenburgern eine verheißungsvolle Zukunft zu winken, aber zugleich auch drohte ihrem Ehrgeiz die Gefahr, in die Händel der großen europäischen Politik verwickelt zu werden. Johann Georg sollte die Entscheidung nicht erleben; er ist 1598 hochbetagt gestorben.

Joachim Friedrich (1598—1608). Joachim Friedrich war der brandenburgische Fürst am Beginn des Jahrhunderts, das dem Hohenzollerngeschlechte ungeahnte Größe bringen sollte. Er hat in stiller und kluger Arbeit diesen Aufschwung vorbereiten helfen: eine der sympathischesten Persönlichkeiten seines Stammes, gerecht und fromm, dabei thätig und staatsmännisch; eifrig besorgt für das Wohl seines Volkes und von scharfem Blicke für die Vorteile seines Hauses. Und wahrlich, es waren schwierige und weitausgreifende Aufgaben, vor die sich der neue Fürst gestellt sah.

Als Kurprinz war Joachim Friedrich in Zwiespalt mit seinem Vater geraten: auch hier wieder der Gegensatz zwischen der alten und der jungen Generation, die bei starken und selbständigen Naturen, wie sie den Hohenzollern eigen, so erklärlich ist. Joachim Friedrich hatte als Verweser des Erzbistums Magdeburg die Wirren der Reichsverhältnisse und die Gefahren der Religionsspaltung an sich erfahren; Friedenspolitik um jeden Preis und der Hader der Evangelischen unter einander waren nicht nach seinem Herzen. Als Kurfürst fand er ein Testament vor, durch welches aufs neue die kurfürstliche Hausmacht geschädigt war, indem Johann Georg seinem Sohne aus dritter Ehe, Christian, die Neumark vermacht hatte. Joachim Friedrich, der schon vorher der Teilung sich widersetzt hatte, schloß jetzt 1598 mit den fränkischen Verwandten den Geraer Hausvertrag, worin er nach dem Beispiele des Albrecht Achilles nochmals die Unteilbarkeit der Kurmark aussprach. Das Aussterben der Ansbachischen Hohenzollern 1603 gab ihm Gelegenheit, seine Stiefbrüder mit den fränkischen Besitzungen zu entschädigen. Christian Distelmeier aber, der dem Vater zu jenem Testament geraten hatte, wurde entlassen und Hans von Löben mit dem Kanzleramte betraut, ein märkischer Edelmann, dessen kluge Einsicht Joachim Friedrich bereits in der Magdeburgischen Verwaltung erprobt hatte. Er war ihm auch Berater bei der wichtigen Neuerung, die der Kurfürst nun plante: bei der Einsetzung des Geheimenrates.

Joachim Friedrich gründet das Joachimsthalsche Gymnasium. (1607.)

Als den Zweck dieser Institution hat Joachim Friedrich 1604 die Erwägung ausgesprochen, „daß wir ganz hoch angelegte beschwerliche Sachen auf uns liegen haben, besonders die Preußische, Jülichsche, Straßburgische und Jägerndorfsche, und jede in Sonderheit von der Wichtigkeit, daß wir guten, weisen Rates und getreuer Leute wohl bedürftig". Es waren also die politischen Angelegenheiten, zu deren Durchführung der Kurfürst nun, neben den Oberbehörden für Justiz und Verwaltung, einen Staatsrat von neun Mitgliedern berief. Dieser Geheimerat hat sich denn auch mit Erfolg den auswärtigen Geschäften gewidmet.

In Preußen setzte Joachim Friedrich durch, daß ihm die Regentschaft und Vormundschaft über den geisteskranken letzten Herzog Albrecht Friedrich übertragen wurde, freilich unter drückenden Bedingungen, die ihm der König von Polen als Lehnsherr des Herzogtums auferlegte. Immerhin wurde dadurch die künftige Vereinigung Preußens mit der Mark gesichert. Auch die Jülich-Clevesche Erbschaft schien dem Hause Brandenburg nicht mehr entgehen zu können; und da der Tod des letzten Cleveschen Herzogs zu erwarten stand, schloß Joachim Friedrich 1605 ein Bündnis mit der Republik der Niederlande, die, in siegreichem Religionskrieg gegen Spanien, einen protestantischen Nachbar an ihrer Ostgrenze willkommen heißen mußte. Seinem zweiten Sohne Johann Georg, dem das Bistum Straßburg entgangen war, verschaffte Joachim aus der Ansbachschen Erbschaft das oberschlesische Fürstentum Jägerndorf, seinem Jüngsten, Christian, die Verwaltung des Erzstifts Magdeburg. Damit schloß sich der große Kreis der Entwürfe und Aussichten dieser Hohenzollerschen Politik; schon erstreckte sie sich vom Niederrhein über Elbe und Oder nach Schlesien und Ostpreußen, über das ganze weite Gebiet, das zu beherrschen den einstigen Sprossen des Stammes beschieden sein sollte.

Joachim Friedrichs Thätigkeit ging aber keineswegs in dieser äußeren Politik auf. Gleich dem Vater widmete er sich gewissenhaft dem Wohle seines Landes, indem er sich der bedrückten Bauern annahm und verbot, sie zu den harten Vorspanndiensten zu zwingen. Auch als Förderer des Schulwesens hat er sich ein rühmliches Andenken gesichert: auf seinem Jagdschlosse Joachimsthal bei Eberswalde gründete er eine Fürstenschule und stattete sie mit reichen Gütern zum Unterhalt von 120 adligen und bürgerlichen Schülern aus. Daraus ist das später nach Berlin verlegte Joachimsthalsche Gymnasium entstanden.

Joachim Friedrich erlebte den Abschluß jener großen politischen Geschäfte nicht mehr. Schon nach zehnjähriger Regierung ist er 1608 auf einer Reise im Wagen „unter herzlichem Beten und Seufzen" gestorben.

Johann Sigismund (1608—1619). Johann Sigismund regierte wie sein Vater nur etwas über zehn Jahre; aber es waren Jahre der Sorge und Erregung. Ein dumpfer Druck lag auf Deutschland während dieses Jahrzehnts vor dem Dreißigjährigen Kriege, eine bange Erwartung, wann sich das Gewitter entladen würde, das sich schon durch grelle Blitze ankündigte. Die Erbitterung zwischen dem erstarkten Katholizismus und dem in sich gespaltenen Protestantismus war so groß, daß eine blutige Entscheidung unvermeidlich war. Und gerade jetzt sah sich das Haus Brandenburg, das sich bisher ängstlich vor jeder weitgreifenden Politik gehütet hatte, in die großen Welthändel hineingezogen.

Friedrich der Große hat einmal gesagt: Wie ein Fluß erst wertvoll werde, wenn er schiffbar sei, so erhalte die brandenburgische Geschichte erst am Anfang des 17. Jahrhunderts tiefere Bedeutung. Drei große Ereignisse unter Johann Sigismund waren es, die diesen plötzlichen Aufschwung herbeiführten: die Erwerbung von Cleve und Mark, der Uebertritt des Kurfürsten zum reformierten Bekenntnis, die Vereinigung des Herzogtums Preußen mit dem Hause Brandenburg.

Johann Sigismund, auf den die ganze Mühsal dieser schweren Zeit gelegt war, hat sich als ein Fürst von tiefem Gemüt und mutiger Bekenntnistreue erwiesen. Man hat wohl behauptet, daß sein Uebertritt zum Calvinismus ein Akt politischer Berechnung zur Gewinnung der reformierten Bevölkerung in Jülich-Cleve gewesen sei. Aber er wußte doch, daß er durch denselben Schritt die eifrigen Lutheraner in der Mark und in Preußen heftig gegen sich empören würde. Wenn er trotzdem übertrat, so war es bei ihm Sache des Gewissens. Die Unduldsamkeit des erstarrten Luthertums hat damals viele freieren

Johann Sigismund im Streite mit dem Pfalzgrafen von Neuburg. (1613.)

Geister abgestoßen, wogegen die reformierte Kirche in den Niederlanden und in der Pfalz den Gedanken der Reformation tapfer verfocht. In der Umgebung Johann Sigismunds hatte der Calvinismus manche Anhänger, so den feurigen Markgrafen Georg von Jägerndorf, der in Berlin den oft am Rhein und Pregel abwesenden Kurfürsten vertrat, und den ehrwürdigen Vizekanzler Bruckmann, der 1613 seinem Herrn gestand, daß er bereits seit zwanzig Jahren dem reformierten Bekenntnis angehöre. Ihn hat Johann Sigismund auch an die Spitze des damals neugestalteten Geheimenrats gestellt.

Wie gewaltig war aber das Aufsehen und die Erbitterung bei den lutherischen Unterthanen! Ihre Geistlichkeit predigte von den Kanzeln aufs heftigste gegen den abtrünnigen Fürsten und seine Freunde, so daß es noch 1615 zu einem Aufruhr des Berliner Volkes gegen den Statthalter Georg und einige reformierte Prediger kam. Johann Sigismund aber verkündigte, daß er bis zum letzten Blutstropfen bei dem als richtig erkannten Bekenntnis festhalten, dagegen keinen Unterthanen dazu weder öffentlich noch heimlich zwingen wolle, dieweil niemand zustehe, über die Gewissen zu herrschen. So erhob sich hier auf Hohenzollerschem Fürstenthrone der Geist der Duldung in dem Augenblicke, wo der dreißigjährige Glaubenskrieg Deutschland zu zerfleischen begann.

Auch in der Politik wurde Johann Sigismund kein Erfolg leicht gemacht. Nur mit Mühe erhielt er von Polen die Vormundschaft über den letzten Herzog in Preußen, Albrecht Friedrich; die preußischen Stände widersetzten sich mit aller Macht der Unterwerfung unter den calvinischen Brandenburger. Als 1618 nach dem Tode Albrecht Friedrichs dennoch jene verheißungsvolle Verbindung Preußens mit der Mark sich vollzog, waren die Rechte des Kurfürsten in dem ehemaligen Ordenslande gegenüber den Freiheiten der Stände aufs äußerste beschränkt.

In Cleve starb 1609 der letzte Herzog und sogleich ließ Johann Sigismund dort den roten brandenburgischen Adler als Zeichen der Besitzergreifung anschlagen. Aber ein anderer Erbe meldete sich, Wolfgang Wilhelm von Pfalz-Neuburg, der Sohn einer jüngeren Schwester des letzten Clevischen Herzogs. Ein gütliches Abkommen der beiden Rivalen wurde vom Kaiser verhindert, weil Habsburg-Spanien nicht dulden wollte, daß am Niederrhein, an der Grenze der feindlichen Niederlande, ein protestantisches Fürstenhaus Fuß faßte. Die Gegensätze verschärften sich, als Johann Sigismund und Wolfgang Wilhelm auf einer Zusammenkunft, die ihren Streit schlichten sollte, während der Tafel in heftigen Wortwechsel gerieten und der leicht aufbrausende Kurfürst dem Pfalzgrafen eine Ohrfeige gab. Nun trat Wolfgang, um den Beistand des Kaisers für seine Ansprüche zu gewinnen, zum Katholizismus über. Schon schien am Niederrhein der Weltkrieg auszubrechen, da verglichen sich 1614 die Streitenden, indem sie die Erbschaft teilten. Das Haus Brandenburg erhielt daraus nur Cleve, Mark und Ravensberg.

Und doch hatte es in kurzer Zeit Großes erreicht: vielversprechende Besitzungen waren gewonnen an den weit vorgeschobenen Posten des Deutschtums in Ost und West, große Aufgaben für die Zukunft dem märkischen Fürstengeschlechte vorgezeichnet. Johann Sigismund jedoch sollte an seinen Erfolgen wenig Freude erleben. Seine letzten Tage waren durch das Gezänk der Geistlichkeit, durch die Anfänge des böhmischen Krieges, durch die Unsicherheit aller Zustände getrübt. Vergebens mahnte er die Seinen, bei den drohenden Gefahren an den Grenzen nicht allzu sorglos auf den Frieden zu bauen. Von Krankheit gebeugt, obgleich erst 47 Jahre alt, legte er 1619 die Regierung in die Hände seines Sohnes, indem er die Hoffnung aussprach, daß dieser „das Heil des Volkes allezeit für das höchste Gesetz achten werde.“ Kurz darauf starb Johann Sigismund.

Georg Wilhelm (1619—1640). Die Regierung Georg Wilhelms ist wohl die unglücklichste, die der Geschichtschreiber der Hohenzollern zu berichten hat. Seine Charaktereigenschaften, die in friedlichen Zeiten sein Land hätten beglücken können, waren den furchtbaren Nöten und Gefahren, denen er zu begegnen hatte, nicht gewachsen. Er war nicht ohne Stolz und Ehrgeiz und hat es auch an Versuchen, dem widrigen Geschick zu trotzen, nicht fehlen lassen. Aber er besaß weder die Kraft zu großen Entschlüssen, noch die Zähigkeit zu ihrer Ausführung; haltlos schwankte er zwischen widerstreitenden Absichten, bis er schließlich gebrochen an der Zukunft seiner Herrschaft verzweifelte.

Friedrich Wilhelm I. bei den vertriebenen Salzburgern in Ostpreußen. (1739.)

Savoyen, ernteten. Der König selbst aber hatte nicht einmal soviel Truppen bei sich, um die Grenzen zu schützen; zudem verschlang jene Kriegshilfe sehr viel Geld. Friedrich war schlecht beraten, seit er 1697 Danckelmann plötzlich entlassen und seinen Günstling Kolbe von Wartenberg zum Minister erhoben hatte. Immer größer ward nun der verschwenderische Aufwand des Hofes, zu dessen Befriedigung Schulden gemacht und drückende Steuern aufgelegt wurden, so daß im Beamten- und Finanzwesen eine bedauerliche Zerrüttung eintrat.

Um so erfreulicher war es, daß Friedrich I, von Natur edel und wohlwollend, in anderer Hinsicht doch seiner hohen Ahnen würdig war. Er nahm flüchtige Protestanten auf; er gründete die Universität Halle, an der eine freiere und innerlichere Gelehrsamkeit durch Männer wie Thomasius, Francke, Spener zum Ausdruck kam. Vor allem erhob er, trefflich beraten durch seine geistvolle Gemahlin, die „philosophische Königin" Sophie Charlotte von Hannover, seinen Hof zum Mittelpunkt eines durch Kunst und Wissenschaft hervorragenden Bildungskreises. Ein Schlüter schmückte die Residenz mit herrlichen Kunstwerken, ein Leibniz half dem Königspaar bei der Gründung einer Akademie der Wissenschaften. Zum erstenmal war somit eine Verbindung zwischen dem in harter Arbeit emporstrebenden preußischen Staate und der deutschen Geisteswelt hergestellt.

So hat auch unter dem ersten Könige der neue Staat einen bedeutsamen Schritt vorwärts gethan. Durch die Erwerbung der Krone hat Friedrich der jungen norddeutschen Macht den gebührenden Rang, seinem Volke ein stärkeres Gefühl der Einheit, seinen Nachfolgern höhere Pflichten gegeben. „Zu ihnen schien er zu sagen" — so drückte dies Friedrich der Große nachmals aus —: „ich habe euch den Königstitel erworben, macht euch dessen würdig!"

Friedrich Wilhelm I. (1713—1740). Höchst selten wohl ist es vorgekommen, daß in der geschichtlichen Beurteilung einer Persönlichkeit im Laufe der Zeit ein so gewaltiger Umschwung sich vollzogen hat, wie in der Wertschätzung des Vaters Friedrichs des Großen. Einst wurde er hingestellt als ein Tyrann seiner Familie und seines Volkes, als roher Barbar in allen Fragen der Bildung, als Freund einer öden Soldatenspielerei. Und heute, je tiefer man eindringt in die Erkenntnis seiner rastlosen Thätigkeit, kann man sich kaum genugthun in dem Lobe dieses großen Haushalters, Ordners und Zuchtmeisters. Diese Umkehr des Urteils hängt zusammen mit einer allgemeinen Veränderung der historischen Betrachtung. Früher würdigte man dabei fast nur die ins Auge fallenden Ereignisse, besonders Kriege, Schlachten, Eroberungen; und in der That haben noch stets in der Geschichte große kriegerische Begebenheiten die Geschicke der Völker entschieden. Davon ist nun allerdings bei Friedrich Wilhelm I. wenig zu finden: die äußere Politik Preußens hat unter ihm keine ruhmvollen Thaten, keine stolzen Ergebnisse aufzuweisen. Aber wenn man auf andere, weniger glänzende, aber nicht minder wichtige Erfolge Wert legt — auf Reformen der Gesetze und Finanzen, der Verwaltung und Rechtsprechung —, dann ist die Regierung des zweiten preußischen Königs nicht allein eine der bedeutsamsten, sondern vielleicht die wichtigste von allen, weil sie grundlegend und bahnbrechend war für die Großthaten der späteren Herrscher und das zukünftige Aufsteigen Preußens.

Nicht leicht kann man eine größere Unähnlichkeit finden als zwischen Friedrich Wilhelm I. und seinen Eltern. Blendende Pracht und Verschwendung waren ihm verhaßt, dafür war er thatkräftig, nüchtern und sparsam, ein Muster von Fleiß und Pflichttreue. Man wußte lange vorher, daß er nur darauf warte, dem prunkhaften Treiben des väterlichen Hofes ein Ende zu machen; und in der That, sobald er zur Regierung kam, fegte er Höflinge, Nichtsthuer und ungetreue Beamte mit eisernem Besen hinweg. Fortan gab es nur einen Willen in diesem Staate.

Nach außen hin begann Friedrich Wilhelm I. mit energischer Abkehr von der einseitigen Politik seines Vaters. Seit der Friede von Utrecht 1713 den spanischen Erbfolgekrieg beendigt hatte, brauchte das preußische Heer sich nicht mehr im Dienste Österreichs zu zersplittern; es wurde frei für die nordischen Verhältnisse, besetzte Pommern, eroberte Rügen und das vom Schwedenkönig Karl XII. tapfer verteidigte

Friedrich Wilhelm I. vor den „Langen Kerls“ und im Tabaks-Kollegium.

Stralsund. Nach dessen Tod trat Schweden — das jetzt von seiner Höhe herabsank — 1720 an Preußen zwar noch nicht ganz Vorpommern, aber doch die Odermündungen ab und Friedrich Wilhelm I. konnte 1721 in Stettin, dessen treffliche Lage dem preußischen Handel endlich zu Nutze kam, die Huldigung empfangen. Dies blieb aber auch die einzige Erwerbung des Königs. Er hat in den nächsten zwanzig Jahren keine Kriege mehr geführt: es hat etwas Ergreifendes, daß der Freund der Soldaten und Förderer des Heerwesens selbst niemals Gelegenheit fand, seine Schöpfung zu erproben. Das lag wohl daran, daß er für die Schliche und Ränke der äußeren Politik zu derb und gerade war. Intrigante Diplomaten, wie Seckendorff und Grumbkow, gewannen — besonders 1728 nach dem Tode des fähigsten preußischen Staatsmanns jener Zeit, Rüdiger von Ilgen — unter der Maske von Biedermännern sein Ohr und benutzten seine Anhänglichkeit an den Kaiser und seine Abneigung gegen Frankreich, um Preußen wiederum an das österreichische Interesse zu fesseln, wofür es von neuem schnöden Undank erntete. Friedrich Wilhelm, vom Kaiser und den anderen Großmächten getäuscht und hochmütig behandelt, fand doch nicht den rechten Augenblick, sich energisch aus den Schlingen einer lähmenden Politik zu lösen.

Um so Größeres aber hat er nun im Innern geleistet. Was ihm von Anfang vorschwebte, war die Neugestaltung des Heerwesens, „darauf ich leben und sterben werde“, wie er 1719 schrieb. Dazu mußte aber vorher Verwaltung, Finanz- und Steuerwesen geordnet werden. Und hierzu wurde 1723 der Grund gelegt mit der Errichtung des Generaldirektoriums, welches der König als sein eigenstes Werk bezeichnete. Er begründete damit eine Zentralbehörde unter seinem Vorsitz, bestehend aus einem Justizminister und vier Provinzialministern, deren jeder in seinem Bezirke der ganzen Verwaltung vorstand. Unter diesen standen die Kriegs- und Domänenkammern, welche die Verwaltung des Landes, der Städte und der königlichen Güter führten. Für jedes Jahr wurde ein „Etat“ aufgestellt, der von keiner Behörde überschritten werden durfte; eine Oberrechenkammer prüfte sämtliche Ausgaben; jede Veruntreuung wurde hart bestraft. So schuf der König ein geregeltes Finanzwesen und ein pflichtgetreues Beamtentum, wie es anderswo noch nirgends zu finden war. Auch die Steuern wurden neugeordnet: die direkten für das platte Land, die indirekten für die Städte. Die größten Erträge wurden aus den sehr vermehrten Domänen des Königs erzielt, die alle verpachtet waren und zuletzt $3^1/_2$ Millionen Thaler, die Hälfte aller Einnahmen, brachten.

Dies Alles kam nun dem Heerwesen zu statten. Früher wurden die Truppen auswärts geworben; jetzt stellte Friedrich Wilhelm I. den Gedanken der „Allgemeinen Wehrpflicht“ auf, indem er die Landeskinder zum Dienste berief und das Staatsgebiet in „Cantons“ einteilte, aus denen sich die einzelnen Regimenter rekrutierten. Freilich war das Werbesystem noch nicht zu entbehren, denn ein stehendes Heer von 80 000 Mann konnte aus der dünnen Bevölkerung nicht aufgebracht werden. Diese Armee wurde nun durch eine sehr strenge Disziplin zusammengehalten und durch rastloses Exerzieren, durch den preußischen Drill zu den höchsten Leistungen im Marschieren und Schießen vorgebildet, wobei sich Fürst Leopold „der alte Dessauer“ großes Verdienst erwarb. Für dieses Heer aber schuf der König auch ein neues Offizierkorps, das er vorwiegend aus dem preußischen Adel erwählte; indem er selbst sich zu ihm zählte und es mit dem Begriffe der persönlichen Diensttreue gegen den obersten Kriegsherrn erfüllte, fesselte er das eigenwillige Junkertum an sein Haus und „stabilierte seine Souveränität wie einen rocher de bronce“.

Um aber die Kosten für das Heer, die sich auf sechs Millionen Thaler jährlich beliefen, aufzubringen und doch noch einen bedeutenden Schatz zu sammeln, mußte der König durch wirtschaftliche Reformen den Wohlstand seines Volkes fördern. Dies gelang ihm durch Aufhebung hemmender Verkehrsschranken, durch Schutz der einheimischen Industrie, vor allem durch eine umfassende innere Kolonisation. Wüste Gegenden, verödete Hofstellen wurden mit Bauern besetzt, mit Geldopfern fremde Ansiedler ins Land gezogen. Um das ostpreußische, durch die Pest entvölkerte Gebiet zu heben, hat der König 18 000 Salzburger, die ihres

Friedrich der Große als Kronprinz in Küstrin und in Rheinsberg.

protestantischen Glaubens willen aus der Heimat vertrieben waren, 1732 bei sich aufgenommen; und voll Stolz konnte er am Abende seines Lebens seinem Sohne in Littauen die Früchte dieser neuen Schöpfung weisen, die seine Mühen und Kosten durch die Entstehung von sechs Städten und 300 Dörfern reichlich gelohnt hatte.

Auch auf dem Gebiete des Rechtswesens hat der König eingegriffen, indem er einerseits den Gang der Justiz vereinfachte, andrerseits Diebe und Verbrecher sehr hart bestrafte; er hat aber auch, unterstützt von dem scharfsinnigen Juristen Samuel von Cocceji, schon 1713 den großen Plan eines allgemeinen Landrechts für seinen Staat gefaßt, den erst eine viel spätere Zeit verwirklichen sollte. Für die Kunst und die Wissenschaft hatte Friedrich Wilhelm I. wenig Verständnis, aber das Volksschulwesen lag ihm am Herzen und neben den Gedanken der Wehrpflicht hat er auch schon den gleich bedeutenden des Schulzwanges gestellt.

So war dieser König ein absoluter Herrscher im besten Sinne des Wortes. Mit starkem Temperament und Gerechtigkeitsgefühl glaubte er überall, selbst in das Privatleben seiner Unterthanen eingreifen zu müssen, um nach dem Rechten zu sehen: denn er betrachtete sich als persönlich verantwortlich für das ihm von Gott übertragene Amt. In jeder Beziehung, auch als treuer Ehemann und strenger Familienvater, wollte er seinem Volk das gute Beispiel eines christlichen Haushalters geben. Sein Leben ging in rastloser Thätigkeit auf; Erholung fand er nur in drei Lieblingsneigungen: auf der Jagd, im Tabaks-Kollegium und bei seiner Riesengarde in Potsdam. Das Tabaks-Kolleg vereinigte den König mit seinen Freunden bei Bier und kurzen holländischen Pfeifen in Potsdam oder Königs-Wusterhausen zu heiterer, oft mit derben Späßen gewürzter Tafelrunde. Die seltsame Neigung, sich eine Garde aus Soldaten von riesiger Größe zu schaffen, war damals auch an anderen Höfen verbreitet; aber kein Herrscher hat so, wie Friedrich Wilhelm I., seine Freude an den „langen Kerls“ gehabt. Daß es bei ihrer Anwerbung nicht ohne List, Gewalt und große Kosten abging, war gewiß bedauerlich; aber wie wenig fallen doch diese und andere Übelstände ins Gewicht, wenn man seinen redlichen Sinn und sein sparsames Walten vergleicht mit der Mißwirtschaft der meisten damaligen Fürsten, die in unwürdiger Nachahmung Ludwigs XIV. ihre Zeit in eitlen Vergnügungen vergeudeten und die Mittel für ihren üppigen Hofhalt durch harte Bedrückung ihrer Unterthanen aufbrachten.

Es war ein denkwürdiger Augenblick in der preußischen Geschichte, als am 31. Mai 1740 Friedrich Wilhelm I., kaum 52 Jahre alt, die Augen schloß, nachdem er die Herrschaft vertrauensvoll in die Hände seines Sohnes gelegt hatte, der das Werk des Vaters glorreich vollenden sollte.

Friedrich II., der Große (1740—1786). Bisher hatte der Hohenzollernstamm Fürsten hervorgebracht, welche in mannigfacher Begabung und Bethätigung, als treue Verwalter und sorgende Hüter oder als kluge Politiker und weitausschauende Staatsmänner, ihre Herrschaft und Macht immer weiter gefördert und gehoben hatten. Nun aber sollte ihm ein Sproß entkeimen, der im strahlenden Ruhm weltbewegender Thaten nicht nur zu den größten Helden der Geschichte gezählt wird, sondern auch durch die rastlose Arbeit an seiner Selbsterziehung und an der Ausbildung aller seiner Fähigkeiten, durch den erschütternden Wechsel glänzender Erfolge und furchtbarer Prüfungen, durch die seltene Vereinigung von Verstand und Willenskraft, durch das ihm innewohnende lebhafteste Gefühl seines Berufs und seiner Pflicht, dem Ideal zugleich des Menschen und des Herrschers so weit sich genähert hat, wie es dem Sterblichen überhaupt vergönnt ist.

Menschlich nahe tritt uns dieser Held schon am Beginne seiner Laufbahn. Nicht auf geebneten Pfaden, von aller Zärtlichkeit umgeben, wie sonst wohl ein Prinz, sondern im schwersten Widerstreit des Sohnes gegen den Vater, ist er zum Throne aufgestiegen; nicht leicht hat er sich die Festigkeit des Charakters errungen, sondern in harter Schule, im Kampf gegen seine Umgebung und, was schwieriger ist, gegen sich und seine Fehler. Er mußte erst sich selbst überwinden lernen, um dann eine Welt von Feinden überwinden zu können.

Friedrich II. ist am 24. Januar 1712 zu Berlin geboren. Der Vater hatte für die Erziehung desjenigen, den er auch als den Erben

Friedrichs des Großen Einzug in Breslau. (1741.)

seiner Wünsche und Hoffnungen betrachtete, einen sorgfältigen Plan entworfen, der vor allem beabsichtigte, inmitten der Verführung und Verweichlichung der Höfe den Kronprinzen zu einem tüchtigen, unverdorbenen Soldaten und Beamten heranzubilden. Wenn er dabei aber alle feinere Bildung, die ganze klassische und moderne Litteratur ausschloß, ging er zu weit und rief nur den Gegenschlag hervor. Der früh erwachte Sinn des Jünglings für das Schöngeistige und Geschmackvolle, wie es damals nur die französische Bildung bot, für Wissenschaft und Kunst, Dichtung und Musik, betrachtete die Strenge des Vaters als Tyrannei und verleitete zu Heimlichkeit und Unwahrhaftigkeit; er zeigte sich abgeneigt gegen militärische Übungen, gab sich Ausschweifungen und Verschwendung hin und machte Schulden, wobei er nicht verschmähte, vom österreichischen Hofe Geld anzunehmen.

Das Verhältnis zum Vater verschlimmerte sich, besonders als der Kronprinz, im Einverständnis mit seiner Mutter Sophie Dorothea, der Tochter Georgs I. von England, aus politischen Gründen die Heirat mit einer englischen Prinzessin gegen den Vater durchsetzen wollte. Der König ließ sich in seinem Zorn zu Mißhandlungen gegen den Sohn, den er einen Poeten, Querpfeifer und weibischen Menschen schalt, hinreißen und warf ihm, da er sich dies alles gefallen ließ, noch Feigheit und Verstocktheit vor. Da faßte der Kronprinz 1730 den Entschluß, nach England zu fliehen. Aber der Plan wurde dem Vater verraten, und dieser, in höchstem Schmerz, sein Lebenswerk durch einen unwürdigen Erben gefährdet zu sehen, stellte den Deserteur vor ein Kriegsgericht. Als dieses sich weigerte, ein Urteil zu fällen, und der Sohn zerknirscht sich der Gnade des Königs empfahl, schickte ihn der Vater in harte Haft nach Küstrin; der Freund aber, der um den Fluchtplan gewußt hatte, Leutnant Katte, wurde unter den Augen des Kronprinzen zum Tode geführt. Vierzehn Tage später trat dieser als einfacher Beamter in die Kriegs- und Domänen-Kammer zu Küstrin ein, und damit begann für den Jüngling eine neue Zeit, die Vorschule zu ernster Mannesarbeit.

Als der König sah, daß der Thronerbe sich mit Eifer dem trockenen Studium der praktischen Verwaltung unterzog und selbst in der Frage seiner Verheiratung dem väterlichen Willen gehorchte, der ihm in Elisabeth von Braunschweig eine ungeliebte Gattin gab, erfuhr das Verhältnis zwischen Vater und Sohn eine Wandlung zum Besseren. Nun erhielt Friedrich ein Regiment in Neu-Ruppin, bei dessen Führung er sich zum tüchtigen Militär ausbildete; dazu schenkte ihm der Vater die Herrschaft Rheinsberg, dessen anmutig gelegenes Schloß jetzt eine Reihe schöner Jahre sah, die glücklichste Zeit im Leben Friedrichs. Hier ward ihm eine gleichmäßige Ausbildung aller seiner Talente gewährt: neben den Sorgen des Dienstes und der Pflichten ein heiterer Kreis geistreicher Freunde, vor allem aber die emsige Beschäftigung mit Litteratur und Philosophie, eindringende Geistesarbeit, die den jungen Prinzen bereits zu den letzten Dingen, zum Nachdenken über Gott und die Unsterblichkeit führte. Damals entspann sich der Briefwechsel mit dem bedeutendsten Franzosen jener Zeit, Voltaire, und in seiner schönen Schrift „Anti-Macchiavell“, die sich gegen die Lehre von der berechtigten List und Tyrannei der Fürsten wandte, hat Friedrich schon ein Jahr vor seinem Regierungsantritt jenes berühmte Wort gesprochen, daß der Herrscher nur der erste Diener seines Staates sein solle.

* * *

Am 31. Mai 1740 begann Friedrich II. seine Laufbahn als König. Mit der Kraft und Eigenart, die ihn von Anfang an auszeichnete, übernahm er die Herrschaft; als unumschränkter Fürst auch völlig selbstständig in Entschlüssen und Handlungen, bei denen er tüchtigen Ministern, wie Podewils, und tapferen Militärs, wie Schwerin, wohl eine beratende Stimme, aber niemals eine Entscheidung überließ. Schon fünf Monate später zeigte der junge König, daß er die kühnsten Hoffnungen und Befürchtungen von Freund und Feind weit übertraf. Kaiser Karl VI., der letzte Habsburger, starb; seine Lebensarbeit, die Pragmatische Sanktion, nach welcher seine Tochter Maria Theresia den Thron erhalten sollte, wurde sofort von andern Erbberechtigten angefochten. Friedrich aber entschied sich so: wenn Österreich ihm Niederschlesien überließe, worauf Brandenburg gemäß den Verträgen mit früheren schlesischen Fürsten berechtigte, aber durch Habsburg mißachtete

Friedrich der Große bei Hohenfriedberg. (1745.)

Ansprüche hatte, wollte er für das Erbrecht der Maria Theresia eintreten; andernfalls gedachte er, seine schlesischen Rechte mit dem Degen zu erkämpfen. Als die Gegnerin seine Forderung rundweg ablehnte, überschritt er am 16. Dezember „den Rubikon“, wie er an Podewils schrieb, besetzte Schlesien und zog am 3. Januar 1741 unter dem Jubel des Volkes in die Hauptstadt Breslau ein. Am 10. April erfolgte sodann die erste kriegerische Entscheidung bei Mollwitz unweit Brieg. Schon war der König beim Zurückweichen seiner Reiterei vom Schlachtfelde fortgeritten, als die preußische Infanterie unter dem Generalfeldmarschall Schwerin, kaltblütig wie im Manöver, dem Feinde Trutz bot und einen vollständigen Sieg erfocht.

Nun verbündete sich Friedrich mit Bayern, dessen Kurfürsten Karl Albert er die deutsche Kaiserkrone verschaffte, und mit Frankreich, dessen Truppen bis Linz und Prag vordrangen. Friedrich war in schwieriger Lage: er wollte, wie er sagte, nicht die Übermacht Österreichs in Deutschland brechen, um französische Ketten zu schmieden. Danach ist seine vielverschlungene Politik in der nächsten Zeit zu beurteilen. Als Maria Theresia mit Hilfe der Ungarn sich ermannte, machte er durch einen Vorstoß nach Mähren dem bayrischen Genossen Luft; dann im Zurückgehen nach Böhmen errang er bei Chotusitz unweit Kolin am 17. Mai 1742 einen schweren Sieg über die Österreicher. Aber schon am 28. Juli überraschte er Freund und Feind durch den Frieden von Breslau, in dem ihm seine Gegnerin Schlesien und die Grafschaft Glatz abtreten mußte.

Die Bundesgenossen beschuldigten Friedrich der Treulosigkeit, und doch war es ihnen nach den Niederlagen, die sie ohne ihn 1743 erlitten, willkommen, als er 1744 aufs neue in den Kampf eingriff, um seinem Schützling Karl Albert wieder aufzuhelfen. Als dieser indes bald darauf starb und zu gleicher Zeit Maria Theresia mit England und Sachsen, bald auch mit Rußland ein Bündnis schloß, um dem verhaßten Gegner nicht nur Schlesien, sondern auch Ostpreußen und Magdeburg zu entreißen, sah sich Friedrich einer Verbindung gegenüber, die es bereits auf seine Vernichtung abgesehen hatte. Da Bayern Frieden geschlossen hatte und Frankreich unthätig zusah, stand der König auf sich ganz allein. In dieser Gefahr hat er zum ersten Male seine ganze kriegerische Größe gezeigt. Am 4. Juni 1745 in der Hohenfriedberger Schlacht bei Striegau hat er über die aus Böhmen vorbrechenden Österreicher einen herrlichen Sieg erfochten, bei dem nun auch die preußische Reiterei sich des Fußvolks würdig erwies. Der ruhmvolle Angriff des Dragoner-Regiments Bayreuth zersprengte sechs dicht gedrängte feindliche Regimenter. Wohl konnte der König vor diesen Tapfersten der Tapfern den Hut ziehen, als sich 66 von ihnen eroberte Fahnen nach der Schlacht vor ihm senkten, und nachmals von diesem Siege das große Wort schreiben: „Die Welt ruht nicht sicherer auf den Schultern des Atlas, als Preußen auf einer solchen Armee“.

Aber noch hielt sich Maria Theresia nicht für überwunden, sondern plante für den Winter einen Zug gegen Berlin; es bedurfte eines neuen blutigen Sieges der Preußen bei Soor unweit Trautenau am 30. September und eines zweiten Erfolges, den der alte Dessauer bei Kesselsdorf in der Nähe von Dresden am 15. Dezember über die Sachsen errang, um die Hoffnungen Österreichs zu vernichten. Schon Weihnachten 1745 bestätigte der Dresdener Frieden, daß Schlesien und Glatz bei Preußen bleiben sollten.

Großes hatte Friedrich II. in diesen beiden schlesischen Kriegen vollbracht. Sein Ruf als der erste Feldherr seiner Zeit wurde ihm auch von den Gegnern kaum noch bestritten. Er hatte eine schöne Provinz mit einer zahlreichen und rührigen, schon jetzt ihm anhänglichen Bevölkerung erobert. Vor allem war nun Preußen in die Reihe der Großmächte getreten und bei dem Herabsinken Bayerns und Sachsens neben Österreich einzig von Bedeutung für Deutschland, dessen Zukunft von dem Verhältnis dieser beiden Mächte zu einander abhing. Aber Neid, Eifersucht und Furcht vor diesem so plötzlich aufgestiegenen Staat und seinem Herrscher, der so garnicht in seiner Politik und Kriegführung mit dem üblichen Maße zu messen war, konnten nicht ausbleiben. Schon zog sich 1746 im Petersburger Geheimvertrag zwischen Österreich und Rußland ein Wetter im Osten zusammen, das nach zehn Jahren sich furchtbar entladen sollte.

Friedrich der Große beim Flötenspiel und im Gespräche mit Voltaire.

Nur ein Jahrzehnt der Ruhe war Friedrich gegönnt; aber welch eine Zeit nun, diese Friedensjahre von 1746 bis 1756! In ihnen hat der König alle reichen Gaben entfaltet, die ihm den Namen des „Philosophen von Sanssouci“ eintrugen. Dort, in dem neu entstandenen einfachen und reizvollen Schlößchen auf der Anhöhe bei Potsdam, hat Friedrich, dem die Freundschaft mit den Besten seiner Zeit ein Herzensbedürfnis war, seine „Tafelrunde“ um sich versammelt, jenen Kreis kluger, witziger und feingebildeter Männer, in welchem preußische Offiziere, wie der feurige Winterfeldt und der ritterliche Rothenburg, an Geist und Laune wetteiferten mit gelehrten Ausländern, wie dem Physiker Maupertuis, den Schöngeistern d'Argens und Algarotti. Seit 1750 aber weilte in Sanssouci fast drei Jahre auch der gefeierte Franzose, der Alle überragte an Vielseitigkeit des Talents und Schärfe des Esprits, Voltaire, auf dessen Besitz der König stolz war und der ihn doch immer wieder durch die Gegensätze seines Wesens zugleich anzog und abstieß. Mit ihm besprach Friedrich die zahlreichen Werke, die aus seiner Feder flossen; denn ein unermüdlicher Drang erfüllte den König, allem, was ihn bewegte, schriftlichen Ausdruck zu geben. Im Frieden wie in den Schrecknissen des Feldlagers fand er Muße, in philosophischen, geschichtlichen und litterarischen Abhandlungen seine umfassende Gedankenarbeit darzulegen, daneben auch in tief empfundenen Poesien die Gefühle seiner Brust ausklingen zu lassen. Daß er für dies alles sich der französischen Sprache bediente, mochte die deutsche Jugend, die auch außerhalb Preußens bald „fritzisch“ gesinnt war, beklagen; aber Friedrichs Bildungsgang und der Geschmack seiner Zeit mußte ihn auf den französischen Ausdruck hinweisen: sein Thun und Trachten war doch deutsch.

Auch die bildenden Künste fanden in Friedrich einen verständnisvollen Gönner: durch Knobelsdorff ließ er das neue Opernhaus in Berlin, ihm gegenüber für seinen Bruder Heinrich das Palais bauen, das heute die Universität beherbergt. Herrliche Statuen und Gemälde der besten Meister wurden zum Schmucke der Schlösser erworben. Am tiefsten aber von allen Künsten berührte den König die Musik, die ihm unentbehrlich war zur Stärkung für des Tages Pflichten und zur Erholung von des Tages Mühen. Aus seinem seelenvollen Flötenspiel ertönte, was ihn bewegte, wenn er frühmorgens einsam in seinem Zimmer einherging oder wenn er abends vor einem gewählten Kreise mit bedeutenden Musikern zur Kammermusik sich vereinigte. Freilich huldigte er auch hier dem ausländischen Geschmack, dem italienischen, welcher Oper und Konzert beherrschte; die Gewalt und Innigkeit eines Musikers, wie Johann Sebastian Bach, der 1747 sich vor ihm im Orgelspiel hören ließ, wird er nicht erkannt haben. Aber es war doch ein idealer Moment, der die beiden größten Zeugen des wiedererstandenen deutschen Geistes zusammenführte.

Wenn aber die Welt glauben mochte, daß Friedrich über den Lieblingsneigungen zu allem Schönen und Hohen die nüchternen Pflichten des Herrschers vernachlässigte, so war sie im Irrtum. Auch die emsige Arbeit an dem Gedeihen des Staates und die weise Vorbereitung auf zukünftige Gefahren schritt in diesen Friedensjahren rüstig vorwärts. Die Verwaltung baute weiter auf den bewährten ökonomischen Grundlagen Friedrich Wilhelms I. Die Rechtspflege wurde jetzt sehr verbessert: wie Friedrich II. seine Regierung begonnen hatte mit der Abschaffung der Folter, so sah er fortan streng auf Tüchtigkeit, Fleiß und guten Willen der Richter, damit sie rasch und ohne Ansehung der Person richteten; der ausgezeichnete Cocceji hat bis zu seinem Tode 1755, zuletzt als Großkanzler, an diesen wichtigen Reformen mitgeholfen.

Aber als echtem Hohenzollern lag dem Könige doch am meisten die Ausbildung seiner Armee am Herzen. Die Welt erlebte hier das Schauspiel, daß ein Fürst, der die ganze geistige und künstlerische Bildung seiner Zeit denkend in sich aufgenommen hatte, zugleich Soldat war mit Leib und Seele, daß ein Philosoph den Krieg pries als den großen Staatserhalter, den Feind schlaffen Wohllebens und den Förderer jeder Tugend. Dieser König wollte allezeit der „Connetable“ seines Volkes sein, Kriegsherr und Oberfeldherr in einer Person. Übelstände, die sich in den letzten Kriegen gezeigt hatten, wurden beseitigt, Neuerungen eingeführt, das Heer auf 150 000 Mann, der Kriegsschatz auf 13 Millionen Thaler

Friedrich der Große am Sarge des Großen Kurfürsten. (1750.)

vermehrt, das Offizierkorps, welches immer noch fast ausschließlich aus dem Adel entnommen war, besser gestellt und vorgebildet. Die vergrößerte Einwohnerzahl und die bedeutend gewachsenen Einnahmen des Staates gewährten dem Könige die Mittel, ohne drückende Lasten sich auf die kriegerische Entscheidung vorzubereiten, die nicht ausbleiben konnte.

Es war im Jahre 1750, als die sterblichen Reste der Hohenzollern-Fürsten in den neuerbauten Berliner Dom überführt wurden. Da befahl der König, den Sarg des Großen Kurfürsten zu öffnen. Lange betrachtete er tiefergriffen die wohlerhaltenen Züge seines gewaltigen Vorfahren, dann rief er begeistert seinen Begleitern zu: „Messieurs, der hat viel gethan". Bald sollte die Zeit kommen, wo der Urenkel in schweren Gefahren sich des großen Ahnherrn würdig erweisen sollte.

* * *

Seit durch den Aachener Frieden 1748 in Europa scheinbar Ruhe eingetreten war, hatte die Diplomatie der Höfe sich einer fieberhaften Arbeit hingegeben, die fast ganz gegen die neue Großmacht gerichtet war, welche das hergebrachte Gleichgewicht Europas so gründlich in Unordnung gebracht hatte. Österreich konnte den Verlust Schlesiens nicht verschmerzen; Sachsen, von dem alten preußischen Nebenbuhler völlig überflügelt, wurde durch den allmächtigen und verschwenderischen Minister Brühl ganz an das Interesse des Wiener Hofes gekettet; Rußland, durch Preußen in seinen Absichten auf Polen und Schweden gehemmt, hatte schon 1749 mit neuem Angriff gedroht, so daß Friedrich Rüstungen anordnete; seit 1750 hatte es die diplomatischen Beziehungen zu Preußen abgebrochen. Friedrichs Stütze blieb immer noch Frankreich, aber auch diese wankte, seitdem der neue politische Berater Maria Theresiens, der kluge Graf Kaunitz, den großen Plan, Frankreich und Preußen zu trennen, als Gesandter in Paris, seit 1753 als Minister erfolgreich betrieben hatte. Dabei begünstigte ihn der Kampf, der 1754 zwischen Frankreich und England um ihre nordamerikanischen Kolonien ausgebrochen war und auch nach Europa überzugreifen drohte. England sah sich nach Bundesgenossen um und schloß, als der alterprobte österreichische diesmal versagte, mit Preußen im Januar 1756 den Vertrag zu Westminster, der, ohne jede Angriffs-Absicht, nur den Schutz der beiderseitigen Gebiete, besonders des dem englischen Könige gehörigen Hannovers, vor Frankreich festsetzte. Dieser Anschluß Preußens an England machte Frankreich geneigter, den Lockungen des Wiener Hofes zu folgen, der ihm sogar für Beistand gegen Preußen Belohnung im deutschen Westen anbot. So vollzog sich im Vertrag zu Versailles im Mai 1756 die große Verschiebung der europäischen Politik: der vielhundertjährige Gegensatz zwischen Habsburg und den Bourbonen wurde beseitigt zu Gunsten einer Allianz der beiden katholischen Großmächte gegen das protestantische Preußen. Friedrichs Stellung, so bedroht sie dadurch war, erhielt aber zugleich eine moralische Stärkung, insofern er nun als nationaler Vorkämpfer des von seinem Kaiser, dem Gemahl der Maria Theresia, Franz von Lothringen, im Stiche gelassenen deutschen Reiches gegen den alten fränkischen Feind auftreten konnte.

Gefährlich aber wurde erst die Lage für Friedrich, als auch Rußland sich seinen Gegnern anschloß, obwohl er gehofft hatte, die Freundschaft des nordischen Reiches mit England würde ihm den Rücken decken. In Petersburg gewann im Spiel der Intrigen der Haß gegen Preußen die Oberhand. Es läßt sich nicht leugnen, daß Friedrichs beißender Witz sich nicht selten zu scharfen Bemerkungen über seine Genossen auf den Thronen Europas hinreißen ließ: gaben sie ihm doch genugsam dazu Anlaß, besonders die Kaiserin Elisabeth von Rußland, die sich völlig von ihren wechselnden Günstlingen und bestechlichen Ministern leiten ließ, und Ludwig XV. von Frankreich, dessen allmächtige Mätresse, die Marquise von Pompadour, sogar von der edlen Maria Theresia umschmeichelt wurde, damit sie gegen Preußen wirke. Wenn nun Friedrichs Spöttereien, von klatschsüchtigen Zungen vergröbert und entstellt, an die feindlichen Höfe berichtet wurden, konnten Groll und Rachsucht, zumal bei Frauen, nicht ausbleiben. Aber den Ausschlag gaben doch die politischen Interessen und die Hoffnungen, nicht nur Friedrich zu demütigen, sondern auch durch Zerstückelung seines Staates Eroberungen zu machen.

Friedrich hatte durch geheime Verbindungen in Dresden Kunde von der Fürstenverschwörung gegen Preußen; im Sommer 1756 erfuhr er

Friedrich der Große bei Kolin. (1757.)

von Holland her mit voller Sicherheit, daß die Kaiserhöfe ihn schon jetzt hatten überfallen wollen, dann aber den Krieg bis zum Frühjahr 1757 hinausgeschoben hätten. Da beschloß Friedrich, ihnen zuvorzukommen. Getreu seiner oft kundgegebenen Ansicht, daß ein Herrscher im Interesse seines Staates die Gegner überraschen müsse, um ihrem Angriffe besser zu begegnen, auch auf die Gefahr hin, als Friedensstörer zu gelten, hat er nicht gezögert, zur verhängnisvollen That zu schreiten. Als Ende August 1756 auf die dringende Anfrage in Wien, ob Maria Theresia Frieden halten wolle, keine genügende Antwort erging, rückte der König in Sachsen ein und eröffnete damit den gewaltigen siebenjährigen Krieg um die Machtstellung Preußens.

Die sächsische Armee hatte sich in einem festen Lager bei Pirna verschanzt, um den Entsatz der Österreicher abzuwarten. Diese aber warf Friedrich bei Lobositz nach Böhmen zurück, worauf die Sachsen Mitte Oktober 1756, von Not und Hunger gepeinigt, zur Übergabe genötigt waren. Friedrich reihte sie gewaltsam in sein Heer ein, wie er auch Sachsen als erobertes Land in preußische Verwaltung nahm. Die reiche Ausbeute der sächsischen Kassen verschaffte ihm wenigstens einen willkommenen Zuwachs an Mitteln; im übrigen hatte der Feldzug von 1756 seinen Zweck nicht erfüllt, denn statt die Österreicher zu überraschen und durch siegreiches Vordringen schnell den Frieden zu erzwingen, hatte Friedrich die Gegner nur gereizt und allen, die noch schwankten, einen willkommenen Grund zum Anschluß an das große Bündnis gegeben. Österreich verstand es, die deutschen Staaten — mit Ausnahme einiger norddeutscher, wie Hannover und Braunschweig — zum Reichskrieg gegen Friedrich zu nötigen; Frankreich verband sich mit Schweden und verständigte sich im Mai 1757 mit Österreich über eine Teilung Preußens. Fiel Schlesien dann wieder an Österreich, Magdeburg an Sachsen, Vorpommern an Schweden zurück, so war der König von Preußen in der That zum „Markgrafen von Brandenburg“ erniedrigt. Und schon setzten sich von allen Seiten die Heere in Bewegung, deren ungeheure Massen doch der „Berliner Wachparade“ mit Leichtigkeit den Garaus machen mußten.

Friedrich hatte, trotz sorgfältiger Rüstungen, höchstens 200000 Mann zur Verfügung, denn England unterstützte ihn nur mit Geld. Jedoch er baute auf die Tüchtigkeit seiner Truppen und auf die Einheit der militärischen Leitung gegenüber der vielköpfigen Führung des feindlichen Bundes. Aber er dachte auch an das Schlimmste und gab für den Fall, daß er in Gefangenschaft geriete, Befehl, für seine Lösung weder Land noch Geld zu bieten, sondern den Krieg fortzuführen.

So begann das Jahr 1757, eines der glorreichsten in der ruhmvollen preußischen Kriegsgeschichte. Friedrich rückte schon im April in Böhmen ein, um die Österreicher zu überraschen. Er drängte sie auch bei Prag zusammen; aber hier bedurfte es am 6. Mai eines äußerst blutigen Sturmes, bei dem der alte Feldmarschall Schwerin mit der Fahne in der Hand den Heldentod starb, um die Feinde aus ihrer starken Stellung zu vertreiben und nach Prag zu werfen. Nun nahte jedoch ein starkes Entsatzheer unter dem Grafen Daun, der auf den Höhen bei Kolin in sehr geschützter Stellung die Preußen erwartete. Friedrich beschloß am 18. Juni, sich auf den rechten Flügel des Feindes zu werfen; aber sein Plan wurde nicht innegehalten, sondern der Gegner allzukühn in der Front angegriffen, wo seine Kartätschen den Preußen furchtbare Verluste beibrachten. Vergebens raffte Friedrich einige Leute zum neuen Sturm zusammen; ein Adjutant mußte ihn mit den Worten: „Sire, wollen Sie die Batterie allein erobern?“ im gefährlichen Vorreiten hemmen. Die Preußen hatten die erste schwere Niederlage erlitten und es fehlte auch bei ihnen nicht an Stimmen, welche die Kriegführung des Königs tadelten. Tief gebeugt hob Friedrich die Belagerung von Prag auf und führte sein Heer nach der Oberlausitz zurück, wo der Tod seines Lieblings Winterfeldt in einem Gefechte gegen die nachdrängenden Österreicher seinen Gram vermehrte.

Und nun brachen von allen Seiten die Feinde in preußisches Land. Die Russen fielen in Ostpreußen ein und ihre Übermacht schlug den Feldmarschall Lehwaldt bei Groß-Jägersdorf in der Nähe von Wehlau, die Schweden warfen sich auf Vorpommern, die Franzosen drängten die norddeutschen Bundesgenossen Preußens über die Weser

Friedrich der Große im Schlosse von Lissa am Abend der Schlacht bei Leuthen. (1757.)

und nötigten sie im September 1757 zu einem unrühmlichen Abkommen. Zu gleicher Zeit rückte ein anderes französisches Heer im Verein mit den kläglichen Kontingenten der deutschen Kleinstaaten in Thüringen vor, erlitt aber am 5. November bei Roßbach in der Nähe von Weißenfels eine schimpfliche Niederlage. Der kühne Reitergeneral Seydlitz, der den Franzosen schon im September durch einen plötzlichen Überfall in Gotha einen heillosen Schrecken eingejagt hatte, entschied auch diesmal durch den glänzenden Angriff der Kavallerie ohne große Opfer die Schlacht, welche mit der völligen Auflösung des feindlichen Heeres endigte. Kein Erfolg des Königs hat in Deutschland solchen Jubel geweckt, wie dieser Sieg bei Roßbach; in zahlreichen Liedern und Spottversen kam die Freude über die verdiente Züchtigung der übermütigen Franzosen zum Ausdruck.

Inzwischen jedoch hatten die Österreicher in Schlesien Siege erfochten und selbst Breslau zurückerobert. Da beschloß Friedrich, sie noch vor Anbruch des Winters anzugreifen, um Schlesien zu retten. Schon Ende November vereinigte er sich an der Katzbach mit den Resten des schlesischen Heeres, die General Zieten ihm zuführte, und am 5. Dezember entbrannte bei Leuthen in der Nähe von Breslau die ewig denkwürdige Schlacht, von deren Ausgang das weitere Schicksal des Krieges abhing. Friedrich verhehlte sich nicht den Ernst des Augenblicks, sein Genius aber fand die Mittel, das nur 36000 Mann starke Heer mit seinem Heldenmute zu erfüllen. Zwei Tage vor der Schlacht hat er die hohen Offiziere um sich versammelt und mit feurigen Worten darauf hingewiesen, daß es nun gelte, zu siegen oder zu sterben; ebenso wußte er die Soldaten mit kurzen, packenden Worten zu entflammen. Auch seine Feldherrnkunst hat sich nie glänzender gezeigt, als an diesem Tage von Leuthen, der ihm den herrlichsten Sieg über mehr als doppelte Übermacht bescheerte. Und wie immer an die leuchtendsten Thaten der Helden die Sage ihr Gespinnst knüpft, so hat sie auch diesen Sieg vor allen reich ausgeschmückt, besonders den Abend des Schlachttages, wo der König auf der Verfolgung des fliehenden Feindes in Lissa noch österreichische Besatzung findet, trotzdem mit wenigen Begleitern auf das Schloß eilt und dort den erschreckten feindlichen Offizieren mit den Worten entgegentritt: „Guten Abend, meine Herren! Gewiß werden Sie mich hier nicht vermuten? Kann man hier auch noch mit unterkommen?“ Auf dem Schlachtfelde aber hatte ein alter Grenadier den Choral „Nun danket alle Gott“ angestimmt und alsbald ertönte in das schaurige Wehen des Nachtwindes und das Wimmern der Verwundeten von tausend Lippen feierlich der fromme Sang über das Todtengefilde.

Wenige Tage nach der Schlacht fiel Breslau wieder in die Hände der Preußen, und so konnte Friedrich das Jahr 1758 mit guten Erwartungen begrüßen, zumal die Engländer, von William Pitt für Friedrichs Heldentum gewonnen, ihren deutschen Truppen in dem tapfern Herzog Ferdinand von Braunschweig einen tüchtigen Führer gaben, der die Franzosen im Sommer bei Krefeld besiegte. Friedrich selbst hatte den Feldzug mit einem kühnen Vorstoß nach Mähren begonnen, mußte aber die Belagerung von Olmütz abbrechen, da ihm die Österreicher in den Rücken zu fallen drohten und die Russen bereits bis zur Oder vorgedrungen waren. Gegen sie kehrte sich der König zunächst und traf sie unweit Küstrin bei Zorndorf am 25. August. Ein heißes Ringen entbrannte, das endlich durch die wiederholten Reiterangriffe des tapferen Seydlitz, wiewohl unter schweren Opfern, zu Gunsten der Preußen entschieden wurde. Als dann aber Friedrich sich eilig nach Sachsen wandte, um seinem Bruder Heinrich zu Hilfe zu kommen, stieß er bei Hochkirch in der Nähe von Bautzen auf das Hauptheer der Österreicher. Ihr Feldherr Daun, sonst als Zauderer bekannt, kam diesmal dem Angriff Friedrichs zuvor und überfiel im Morgengrauen des 14. Oktober das Lager der Preußen so plötzlich, daß diese eine völlige Niederlage erlitten: fünf Generäle, darunter der Freund des Königs, Feldmarschall Keith, waren gefallen, 9000 Mann und 100 Geschütze verloren. Aber die Größe Friedrichs zeigte sich nie bewundernswerter, als nach einer verlorenen Schlacht: durch seine Kunst des Manövrierens entzog er dem Feind die erhofften Früchte des Sieges, und durch die seltene Gabe, mit dem Soldaten in seiner Weise zu verkehren, wußte er den Mut des Heeres immer wieder aufzurichten. So

Friedrich der Große nach der Niederlage bei Hochkirch. (1758.)

fragte er einen vorübermarschierenden Trupp Artillerie und Fußvolk: „Kanoniers, wo habt ihr eure Kanonen gelassen?" „Der Teufel hat sie bei Nachtzeit geholt!" erscholl die Antwort. „So wollen wir sie ihm bei Tage wieder abnehmen, nicht wahr, Grenadiers?" „Ja, das ist recht, und sie sollen uns noch Zinsen dazu geben!"

Feldherr und Heer bedurften wahrlich dieses unerschütterlichen Mutes, denn das Jahr 1759 brachte noch weit härtere Prüfungen. Zum erstenmal vereinigten sich die Russen, nachdem sie bei Kay in der Neumark den kühnen Wedell geschlagen hatten, mit den Österreichern, die jetzt unter dem Befehle ihres besten Generals Laudon standen, um an der Oder die Entscheidung herbeizuführen. Unweit Frankfurt, bei Kunersdorf, griff Friedrich die Feinde trotz ihrer Übermacht am 12. August an. Schon haben seine Krieger große Erfolge errungen, aber sie können den Sieg nicht entscheiden; ermattet von langem Marsche und von der Hitze geraten sie selbst in Gefahr, werden zersprengt und völlig aufgerieben. Es war ein entsetzlicher Tag für Friedrich; sein Untergang schien gekommen und er gedachte ihn nicht zu überleben. Aber die Uneinigkeit der Gegner, die sich nicht zum geraden Marsch auf Berlin entschließen konnten, gewährte ihm die Rettung, die er mit Recht als „ein dem Hause Brandenburg geschehenes Wunder" pries; er blieb aufrecht, auch als der Verlust Dresdens und die Gefangennahme eines starken preußischen Korps unter Fink bei Maxen westlich von Pirna die Zahl der Unglücksfälle vermehrte.

Auch das nächste Jahr 1760 begann trübe, da Dresden nicht wiedererobert werden konnte und Friedrichs Jugendfreund Fouqué bei Landeshut in Schlesien geschlagen wurde; selbst die Hauptstadt Berlin fiel auf kurze Zeit in die Hände der Feinde. Aber zwei furchtbar schwere Schlachten, bei Liegnitz im August und bei Torgau im November, wurden gewonnen, dank dem festen Zusammenwirken der Feldherrngröße des Königs und der unerschütterlichen Umsicht Zietens, und brachten Schlesien wie Sachsen großenteils wieder in Friedrichs Hand. Das Jahr 1761 steigerte jedoch seine Not bis zur Verzweiflung. Wenn auch Ferdinand von Braunschweig gegen die Franzosen sich behauptete, so war doch Ostpreußen ganz in russischem Besitz, Kolberg, der ruhmvoll verteidigte pommersche Hauptplatz, mußte kapitulieren, auch Schweidnitz ging verloren. Dazwischen hielt sich mühevoll der königliche Held mit seinem zusammengeschmolzenen Heere, nicht mehr stark genug, dem Gegner im Felde die Spitze zu bieten, sondern auf den Schutz verschanzter Lager angewiesen. Dazu kam, daß mit dem Sturze Pitts Friedrich in England seinen Anhänger und damit auch die britischen Hilfsgelder verlor. Es schien, als wenn alle Siege und Anstrengungen vergeblich gewesen wären. Aber diese höchste Not offenbarte doch erst, welch eine Größe in Friedrich, welch ein unverwüstlicher Kern in seinem Staate und Volke lebte. Der König erklärte selbst jetzt noch, einen entehrenden Frieden niemals zu unterzeichnen, und sein Volk hat in Leiden und Entbehrung treu zu ihm gehalten und das Letzte an Gut und Blut für ihn geopfert.

Die Schicksalswendung war nahe. Elisabeth von Rußland starb 1762; ihr Nachfolger Peter war ein glühender Bewunderer des großen Preußenkönigs. Zwar wurde er schon im Juli von seiner Gemahlin Katharina II. gestürzt, aber Rußland trat doch vom Kriege zurück. Bald schloß Frankreich und England Frieden, und so mußte sich endlich auch Maria Theresia zum Nachgeben bequemen. Im Hubertusburger Frieden am 15. Februar 1763 behielt Preußen ungeschmälert seinen Besitz.

* * *

So war ein Krieg zum Abschluß gebracht, desgleichen es wenige in der Geschichte giebt, da er, wie kaum ein anderer, das erhabenste Schauspiel, das des unerschütterten Helden im Kampfe mit einer Welt, darbietet. Vor dem Ruhm Friedrichs erblich jeder andere; bis zu den Türken und Tartaren erscholl der Ruf seiner Thaten, und einhellig gewährte ihm die Mitwelt den Beinamen „des Großen". Unermeßlich war der Gewinn, den Preußens Volk aus dem siebenjährigen opfervollen Zusammenwirken mit einem solchen König zog, aber größer noch der Segen für die deutsche Nation, die sich nun endlich aus dem Ungemach der Kleinstaaterei und Fremdherrschaft aufrichtete in dem Bewußtsein, daß dieser Held, den die Völker bewunderten und fürchteten,

Friedrich der Große in seinem Arbeitszimmer.

ein Deutscher sei. Von da an war Preußens und Deutschlands Zukunft nicht mehr voneinander zu trennen, wenn auch noch ein Jahrhundert bis zur völligen Einheit vergehen sollte.

Friedrich der Große selbst kam als ein Anderer aus diesem Kriege nach Hause. Er war des Sieges nicht froh: die Ehre war gerettet, aber das Land verwüstet, die Bevölkerung zusammengeschmolzen, die Kassen geleert, die geliebten Gefährten dahingerafft. Er stand allein, gealtert und verhärtet, das Leben konnte ihm kaum noch Freuden bieten; so wurde er zu jener Gestalt, die das Volk als „alten Fritz" in seiner Erinnerung festgehalten hat: der Mann mit Dreispitz, Krückstock und Tabaksdose, volkstümlich und doch mehr gefürchtet und bewundert, als geliebt; die harte Verkörperung der Arbeit und des Pflichtgefühls. Dreiundzwanzig Jahre waren dem großen Könige noch beschieden, die Wunden seines Volkes zu heilen und seinen Staat auch im Innern zu der Bedeutung zu erheben, die seiner politischen Stellung entsprach. Mit unermüdlicher Sorge und Arbeitskraft, tiefem Einblick in die Erfordernisse und energischer Strenge bei der Ausführung seiner Anordnungen hat er alle Maßregeln getroffen, die Wohlfahrt Preußens wieder zu heben und seine wirtschaftlichen Kräfte zu stärken.

Noch mehr, als unter den Vorgängern, war nun das Kabinett des Königs der Mittelpunkt der Regierung, von dem alle Organe der Verwaltung ihre Weisungen empfingen. Dort konnte das preußische Volk den König bei seiner rastlosen Thätigkeit beobachten und sich davon überzeugen, daß der so oft von ihm wiederholte Grundsatz: „Ein Fürst ist der erste Diener und der erste Beamte des Staates" zur Wirklichkeit geworden war. Im *Arbeitszimmer Friedrichs* liefen alle Fäden der äußeren und inneren Politik zusammen; dorthin beschied er die Minister, Generäle und Gesandten zum Vortrag, dort las er alle eingehenden Berichte, Denkschriften und Bittgesuche und versah sie mit jenen berühmten „Marginal-Resolutionen", welche in treffender, oft witziger Kürze die Entscheidung des Königs am Rande des Schriftstücks enthielten. Zu den bekanntesten dieser Randbemerkungen gehört wohl diejenige, in welcher Friedrich schon im ersten Regierungsjahre seine Meinung über das Verhältnis der religiösen Bekenntnisse zu einander kundgab: „Die Religionen Müssen alle Tolleriret werden, und Mus der Fiscal nuhr das Auge darauf haben, das keine der andern abrug Tuhe, *den hier mus ein jeder nach Seiner Faßon Selich werden.*"

Wie allen seinen großen Ahnen gewährte es auch ihm die höchste Genugthuung, wenn er wüstes Land in fruchtbaren Boden verwandeln, Sümpfe und Seen entwässern und zum Wohnsitze fleißiger Ackerbauer machen konnte, die er aus der Fremde herbeirief. Dabei fand er kundigen Beistand an dem Finanzrat *Brenkenhof*, der sich besonders um die Wiederherstellung der von den Russen gänzlich verwüsteten Striche in der Neumark und in Hinterpommern große Verdienste erwarb. Überall griff der König thätig und helfend ein, in Tagen der Hungersnot öffnete er seine Kornspeicher, den aufstrebenden ökonomischen Bestrebungen gewährte er Kredit. Als die schlesische Stadt Greiffenberg 1783 abgebrannt war, gab er zum Wiederaufbau reichliche Geldmittel, wofür eine Deputation ihm dann den innigen Dank der Empfänger aussprach; der alte König aber antwortete mit Thränen im Auge: „Ihr braucht euch dafür nicht zu bedanken; es ist meine Schuldigkeit, verunglückten Unterthanen aufzuhelfen: *dafür bin ich da.*"

Ein weites Feld für seine Kulturaufgaben fand Friedrich, als 1772 ein neues großes Gebiet für Preußen erworben wurde, das vom untern Laufe der Weichsel durchströmte *Westpreußen*, welches einst in trüber Zeit von den Polen dem Deutschtum entrissen war. Die Republik Polen, von ihrem zuchtlosen Adel immer mehr der Anarchie preisgegeben, schien eine Beute Rußlands werden zu sollen. Dies bewog das nach dem Kriege ganz alleinstehende Preußen, sich dem nordischen Nachbar zu nähern und mit der Kaiserin Katharina 1764 ein Bündnis zu schließen, das der Anfang eines über hundert Jahre fort währenden Freundschaftsverhältnisses der beiden Staaten werden sollte. 1772 kam es dann zur ersten Teilung des unglücklichen Polens unter die drei Ostmächte, wobei Preußen durch die Erwerbung Westpreußens und des Netze-Distrikts die unentbehrliche Verbindung zwischen seinem Hauptgebiete und dem alten Deutschordenslande gewann. Auch hier begann Friedrich nun eine planmäßige Kolonisation, die in kurzer Zeit, besonders durch schwäbische Ansiedler, an Stelle der polnischen Verwahrlosung deutschen Fleiß und preußische Ordnung einführte.

Die vornehmste Sorge des Königs war die Erhöhung der Staatseinnahmen, denn nur dadurch konnte er, ohne den Nährstand allzuschwer zu belasten, die großen Ausgaben für Vermehrung und Verbesserung des Heeres gewinnen. Neue Gewerbe, wie Porzellan- und Seiden-Manufaktur, wurden eingeführt, bedeutende Mittel für die Hebung der Leinen- und Tuch-Industrie hergegeben. Die alte preußische Steuerpolitik wurde fortgesetzt: ein Grenzzoll mit vielen Einfuhrverboten, die Ausdehnung der Lebensmittel-Accise auf Luxuswaaren, endlich das Staatsmonopol auf Tabak und Kaffee sollten zur Steigerung der Einnahmen dienen. Doch erregte die Art, in der die Regierung diese Abgaben durch französische Unterbeamten eintreiben ließ, viel Ärgernis im Volke.

Nicht weniger war Friedrich bemüht, die Lasten des Bauern zu erleichtern und den kleinen Mann zu schützen gegen Bedrückung der Vornehmen und Ungerechtigkeit der Richter. Und wenn wir heute auch wissen, daß in jenem berühmten Prozeß des Müllers Arnold der König übereilt zum Verdacht und zur Bestrafung hoher richterlicher Beamten sich hat hinreißen lassen, so steht er doch gerade in diesem Zorn über vermeintliche Zurücksetzung des Armen durch die Justiz uns menschlich nahe: das alte schöne Vorrecht der Hohenzollernfürsten, als Anwalt der Niederen und Bedrückten aufzutreten, hat Friedrich allzeit bewährt und sein Wort wahr gemacht, ein „König der Bettler" sein zu wollen.

So war dieser Monarch, der in seinen letzten Jahren dem Wohle des Staates zu Liebe auf alles verzichtete, was sonst den Menschen das Leben schmückt. Seine Freunde waren gestorben, Familienglück blieb ihm versagt, seine zunehmende Sparsamkeit nahm der Hofhaltung Glanz und Festlichkeiten, immer mehr zog sich Friedrich in die Einsamkeit des Arbeitszimmers zurück. Die Philosophie des Vielgeprüften steigerte sich zur Menschenverachtung: nicht sein Ruhm, der sich über die Erde verbreitete und zahlreiche Fremde nach Potsdam führte, um Friedrich „den Einzigen" zu sehen, sondern nur noch das Bewußtsein, jede Stunde der eisernen Herrscherpflicht zu weihen, ließ ihm das Leben erträglich scheinen.

Kurz vor seinem Tode sollte Friedrich noch zeigen, daß er, der das deutsche Reich bekriegt hatte und die erwachende deutsche Litteratur nicht verstehen konnte, die Zukunft Deutschlands mit weitausschauendem Blicke erkannte und mit ihr das Geschick seines preußischen Staates verknüpfen wollte. Als das bayerische Haus 1777 ausstarb, versuchte Österreich einen Teil von Bayern an sich zu reißen, so daß Friedrich sich gezwungen sah, noch einmal das Schwert zu ziehen. Er rückte 1778 in Böhmen ein, aber es kam nicht zu größeren Kämpfen, und Maria Theresia begnügte sich mit einem kleinen Zuwachs. Als sie jedoch 1780 starb, nahm ihr Sohn, Kaiser Joseph II., die neuen Eroberungspläne wieder auf, die ihre Spitze in der Demütigung Preußens hatten. Aber diese unruhige Vergrößerungspolitik bewirkte nur, daß die deutschen Kleinstaaten sich um das einst verhaßte Preußen scharten, das ihnen Schutz gegen den Kaiser gewähren konnte. Da hat Friedrich 1785 den Fürstenbund gegründet, in welchem er sich mit den meisten norddeutschen und einigen süddeutschen Staaten zum Schutze der Reichsverfassung verband. So nahten die Tage, wo Preußens Beruf zum Zusammenschluß des schwachen, zerklüfteten deutschen Reiches erkannt werden sollte; schon hatten einsichtige Patrioten das Gefühl, daß alles, was Friedrich der Große für Preußen gethan hatte, auch für Deutschlands Zukunft gewirkt sei.

* * *

Durch Krankheit war der alte König in den letzten Jahren hart mitgenommen; schmerzhafte Gicht steigerte sich bis zur Wassersucht. Als Zieten 1786 starb, ahnte Friedrich, daß er dem alten Waffengenossen bald folgen werde. Es wird erzählt, daß er an warmen Tagen sich seinen Lehnstuhl auf die Terrasse von Sanssouci tragen ließ und beim Anblick der untergehenden Sonne sprach: „Bald werde ich Dir näher kommen!" Der regelmäßige Lauf der Geschäfte ging jedoch in ungestörter Pünktlichkeit weiter. So wurde Friedrich II., von Siechtum gebeugt, aber in voller Frische des Geistes und der Arbeitskraft, am 17. August 1786 aus dem Leben abberufen. Aber unvergänglich bleibt, was er gewesen und geschaffen. Der Genius des großen Friedrichs, seine unvergleichliche Erscheinung mit dem Reichtum der Gaben und Eigenschaften, mit der Fülle ruhmreicher Erinnerungen, mit der strengen Hoheit des Dienstes und der Pflicht hat dem preußischen Staate erst den lebendigen Odem eingehaucht und wird als Leitstern leuchtend und wachend über ihm schweben in guten und schlimmen Tagen.

Friedrich Wilhelm II. bei einer Beratung über das Allgemeine Landrecht. (Um 1790.)

Die Gründung des Deutschen Reiches.

Seit jenen Zeiten, da die Hohenzollern ins märkische Land gekommen waren, hatte die Entwickelung ihrer Geschichte ein einziges, unvergleichliches Aufsteigen zu immer höherer Macht gezeigt. Wohl hatte es schlimme Zeiten und schwere Gefahren gegeben, aber dennoch war der Sieg errungen, der Feind zurückgeworfen worden, niemals war die Ehre des Heeres getrübt, niemals Schmach und Knechtschaft hereingebrochen über preußisches Land. Und nun sollte auch dies ihm nicht erspart bleiben, nun sollte Kleinmut und Verzweiflung sich zeigen in diesem stolzen Staate und die Fremdherrschaft ihn an den Rand des Verderbens bringen. Aber erliegen konnte Preußen nicht. Die furchtbarsten Prüfungen sollten nur dazu dienen, König und Volk in den Tagen des Unglücks und Leidens noch fester aneinander zu ketten; die gemeinsame Not offenbarte erst den gesunden Kern dieses Staates und verlieh ihm ungeahnte Kräfte der Erneuerung und Wiedererstarkung.

* * *

Es war eine schwierige, kaum zu bewältigende Aufgabe, die Friedrich der Große seinem Nachfolger **Friedrich Wilhelm II.** (1786—1797) hinterlassen hatte. Der ganze Organismus des preußischen Staates war doch nur für die geniale Thätigkeit jenes Einzigen gedacht und eingerichtet. Dazu kam, daß zum erstenmal im Geschlechte der Hohenzollernfürsten die direkte Erbfolge unterbrochen wurde, da bei der Kinderlosigkeit Friedrichs II. der Sohn seines ältesten Bruders August Wilhelm zum Throne berufen war.

Dennoch ging es wie ein Aufatmen durch das Volk, als Friedrich Wilhelm II. zur Regierung kam; nach dem harten, selbstherrlichen Regiment des alten Einsiedlers von Sanssouci erhoffte man von dem neuen Könige Lockerung der Zügel und freiheitliche Reformen. Und in der That, nach Abschaffung einiger drückender Monopole, gewann der wohlmeinende, freigebige und lebenslustige Friedrich Wilhelm beim Volke Beliebtheit. Aber Fehler seiner inneren und äußeren Politik, sowie die Schwächen seines Privatlebens erfüllten bald die Einsichtigen mit schweren Bedenken. Preußische Sparsamkeit und Zucht wich der Verschwendung und Ausschweifung; Günstlinge gewannen Einfluß auf den gutmütigen Herrscher. Unter diesen traten bald hervor der General-Adjutant Bischoffwerder und der Minister Wöllner, die geschickt die schwärmerische, anhaltender Thätigkeit abgeneigte Natur des Königs für ihre Zwecke auszunutzen wußten. Hatte die Aufklärung und Freigeisterei der fridricianischen Zeit dem religiösen Bedürfnisse des Volkes nicht Genüge gethan, so brachte das neue Wöllnersche „Religionsedikt“ keine Abhilfe, sondern rief durch seinen Zwang in Glaubenssachen nur Widerspruch hervor, besonders als Männer, wie der große Philosoph Kant in Königsberg, von der Zensur belästigt wurden. Sonst ließ es der König an der Hebung der Unterrichts nicht fehlen; vor allem war es segensreich, daß 1794 endlich das preußische „Allgemeine Landrecht“ verkündet werden konnte, welches von den großen Juristen Carmer und Svarez schon unter Friedrich II. begonnen worden und 1791 zu Ende geführt war. Es brachte die moderne Rechtsüberzeugung zum Ausdruck, nach welcher der König weder durch Strafschärfung, noch durch Machtspruch in den ordentlichen Gang der Rechtsprechung eingreifen durfte.

Friedrich Wilhelm III. und die Königin Luise in Paretz. (Um 1800.)

Die Leitung der auswärtigen Politik hatte zuerst der feingebildete Graf Hertzberg, der im Sinne seines Meisters Friedrichs des Großen zu handeln glaubte, wenn er Preußens starke Macht zur Erhaltung des Friedens und zum Schutze der deutschen Kleinstaaten gegen Österreich anwandte, aber doch versäumte, Österreichs Niederlagen gegen die Türkei zur Stärkung des preußischen Einflusses in Deutschland zu benutzen. So zerfiel der Fürstenbund und Preußen ließ sich von dem klugen Kaiser Leopold II. 1790 wieder an das österreichische Interesse fesseln, besonders als Hertzberg durch den unfähigen Bischoffwerder verdrängt wurde. Und gerade jetzt trat eine gefährliche Veränderung der politischen Lage Europas ein. Im Westen war die französische Revolution ausgebrochen, die mit dem Siege der Volksherrschaft über die Monarchie auch begehrliche Gelüste der Nation nach Vergrößerung des französischen Gebietes weckte; im Osten kämpfte die polnische Republik ihren Todeskampf, wobei sie eine Beute Rußlands zu werden drohte. Friedrich Wilhelms ritterlicher Sinn fühlte den Beruf, als Vorkämpfer der Monarchie den französischen König Ludwig XVI. aus den Händen des Pariser Pöbels zu erretten; andrerseits mußte er auch Teile von Polen für Preußen sichern, um den russischen Nachbar nicht zu mächtig werden zu lassen. So begann eine unselige Periode widerspruchsvoller Politik und zersplitterter Kriegführung.

Die Preußen rückten 1792 in Frankreich ein und drangen bis zur Champagne vor; aber nach einer unbedeutenden Kanonade bei Valmy im September gab der König, dem die stolze preußische Initiative des Schlagens fehlte, den Befehl zum Zurückgehen; in denselben Fehler verfiel er zwei Jahre später, als er mit seinem Heere Warschau belagerte. Inzwischen hatten die Preußen zwar über die französischen Revolutionsheere, die in Deutschland eingebrochen waren, in der Rheinpfalz Vorteile errungen; aber die Eifersucht zwischen den Genossen Österreich und Preußen lähmte die Kriegführung, so daß Friedrich Wilhelm II. 1795 mit Frankreich den unrühmlichen Basler Frieden schloß, in dem er die Rheinlande im Stiche ließ und sich auf Norddeutschland zurückzog. Bei der Teilung der polnischen Ländermasse erhielt Preußen zwar den kleinsten Teil, aber immer noch — außer den ihm zukommenden deutschen Städten Thorn und Danzig — ein übergroßes Gebiet im Südosten, welches mit seiner polnisch redenden Bevölkerung dem Staate nicht zum Segen gereichte.

Tief verstimmt über die Mißerfolge seiner Diplomatie erkrankte Friedrich Wilhelm II. und starb 1797, erst 53 Jahre alt. Unter ihm war das Finanzwesen verschlechtert, der Staatsschatz Friedrichs des Großen verbraucht worden; die Spannkraft des Beamtentums begann nachzulassen, die Schlagfertigkeit der Armee hatte gelitten, schon zeigte sich in ihr und in ihrem Offizierkorps Überhebung, Selbstgenügsamkeit und Verknöcherung. Und nun erhob sich gerade jetzt in Frankreich ein kriegerischer Gegner, dem gegenüber die alten Mächte Europas ihrer ganzen Kraft bedurften, wenn sie ihre Machtstellung behaupten wollten.

Friedrich Wilhelm III. (1797—1840). Friedrich Wilhelm III., der Sohn Friedrich Wilhelms II. und seiner Gemahlin Friderike Luise von Hessen-Darmstadt, wurde am 3. August 1770 geboren. Schon früh zeigte er die edelsten Anlagen, ein gutes Herz, gerechten Sinn und klaren Verstand, Arbeitsamkeit und das ernste Bestreben, sein Volk glücklich zu machen. Leider thaten seine Lehrer nicht genug, um die Bescheidenheit des Jünglings zum Selbstvertrauen zu stärken: so blieb ihm zeitlebens eine zurückhaltende Schüchternheit eigen, die ihm nicht erlaubte, aus sich herauszutreten; oft sah er mit richtigem Blick, was dem Staate not that, fand aber nicht den Entschluß, um seine Ansicht gegen seine Ratgeber durchzusetzen und Neuerungen einzuführen, die das Altgewohnte durchbrachen. Dafür besaß er die echten Tugenden, um in friedlicher Zeit ein Volk zu beglücken: Einfachheit, Sittenreinheit und Sparsamkeit. Vor allem aber gewährte er seinem Volk eine unschätzbare Gabe: den Anblick des edelsten, von Liebe und Verehrung verklärten Familienlebens, das als gutes Beispiel und Vorbild um so höher zu schätzen war, als damals in den vornehmen Kreisen der Hauptstadt eine bedenkliche Lockerung der guten Sitten um sich gegriffen hatte.

Die junge Prinzessin Luise von Mecklenburg-Strelitz war es, die dem jungen Kronprinzen 1793 in inniger Zuneigung die Hand gereicht hatte und von nun an als liebende Gattin und treue Gefährtin in Glück

Königin Luise und Napoleon in Tilsit. (1807.)

und Unglück, als holde Ergänzung seines schlichten Wesens ihm zur Seite gestanden hat. Schon vor der Thronbesteigung hatte sie ihm zwei Söhne, die nachmaligen Könige Friedrich Wilhelm IV. und Wilhelm I., geschenkt; bald umgab ein reicher Kindersegen das stattliche Königspaar. Welch' ein Bild reinsten Glückes bot sich nun dem Volke dar, desgleichen es unter den früheren Herrschern kaum gesehen hatte! Neben dem einfachen Könige im Schmucke der Schönheit die geliebte Gemahlin, klug und gütig, vornehm und leutselig, die sorglichste Hausfrau und bald auch die ernste Beraterin des Gatten, vom Volk verehrt als Muster der Tugend und des Liebreizes: so war Preußens Königin Luise.

* * *

Friedrich Wilhelm III. begann mit wohlgemeinten Maßregeln zur Besserung früherer Schäden: die Ratgeber des Vorgängers wurden entlassen, die Ausgaben des Hofhalts eingeschränkt, die Beamten zur Redlichkeit, die adelsstolzen Offiziere zu gutem Verhalten gegen die Bürger ermahnt. Aber durchgreifende Neuerungen, wie sie nötig waren, um den Forderungen einer durch die französische Revolution gänzlich veränderten Zeit zu genügen, wurden nicht eingeführt. Der König fühlte wohl, daß der harte Zunftzwang, die Belastung des Bauernstandes, die erstarrten Formen des Heerwesens einer Besserung von Grund aus bedurften; da aber der Wohlstand des Landes in diesen Friedensjahren blühte, da die Umgebung des Königs und die oberen Kreise durchdrungen waren von der Trefflichkeit aller Einrichtungen, die ja noch von dem großen Friedrich herrührten, so blieben die vom Volke erhofften Reformen aus.

Auch in der auswärtigen Politik ruhte Preußen aus auf den Lorbeeren Friedrichs und verlor immer mehr sein Ansehen, als es beim Frieden verharrte in einer Zeit, da Napoleon Bonaparte die französischen Heere überall zum Siege führte, Oesterreich demütigte und von Deutschland das linke Rheinufer abriß. Auch der enge Anschluß an Rußland, dessen Czar Alexander I. seit 1802 durch innige Freundschaft mit dem Königspaar verbunden war, brachte Preußen nicht zum Handeln; ja, der preußische Diplomat Haugwitz, erschreckt durch Napoleons Sieg über Oesterreicher und Russen bei Austerlitz, schloß eigenmächtig im Dezember 1805 einen schmählichen Vertrag, der Preußen durch trügerische Vorteile an den Bonaparte band. Und dieser war doch bereits gewillt, mit der Niederwerfung des vereinsamten Preußens die Hoheit Frankreichs über Deutschland, dessen Westen schon unter seinem Einfluß zu einem „Rheinbund" geeinigt war, zu vollenden.

So nahte der verhängnisvolle Augenblick, der Preußen schwach und unvorbereitet antreffen sollte. Während die Einen auch jetzt noch feige den Frieden erhalten wollten, weil sie den Korsen für unüberwindlich hielten, pochten die Anderen vermessen auf den Ruhm Friedrichs des Großen und seines Heeres, das doch in äußerlichem Paradedrill unter unschlüssigen Führern seine Schlagfertigkeit eingebüßt hatte. So brach durch die Niederlagen eines Tages, des 14. Oktober 1806, bei Jena und Auerstedt der völlige Zusammensturz herein, nachdem vier Tage vorher der Heldentod des Prinzen Louis Ferdinand, eines Neffen Friedrichs des Großen, bei Saalfeld ein böses Vorzeichen gewesen war. Die Vernichtung Preußens schien sich zu vollziehen, als die großen Festungen unrühmlich die Thore öffneten, der größte Teil des geschlagenen Heeres zur Kapitulation und die Königsfamilie zur Flucht nach dem Osten des Landes gezwungen war. Nun konnte Napoleon von Berlin aus mit übermütigem Hohn den König und seine Gemahlin schmähen und die preußischen Siegeszeichen als Beute nach Paris schicken.

Friedrich Wilhelm III. aber beschloß, weiter zu kämpfen: schon begann die Prüfung seine Seele zu stählen. Im Verein mit russischen Hilfstruppen wurde im Winter auf 1807 in Ostpreußen blutig und rühmlich gestritten; aber die Bundestreue Alexanders wankte, im Tilsiter Frieden verständigte er sich Anfang Juli mit Napoleon, während der preußische König gedemütigt abseits stand. Was half es, daß Königin Luise, die in diesen Tagen der Flucht nach Königsberg und Memel den Kelch des Leidens bis zur Neige geleert hatte, ihren Stolz überwand und den harten Sieger in Tilsit um Milde bat? Der Korse hatte das Verderben des verhaßten Preußens beschlossen, und wenn er es nicht ganz von der Karte löschte, sondern nur zur Hälfte verkleinerte, so sollten doch die Friedensjahre das Vernichtungswerk vollenden. Ungeheure Geld-

Friedrich Wilhelm III. vor den Freiwilligen in Breslau. (März 1813.)

forderungen und Brandschatzungen, unaufhörliche Einquartierung gieriger Feinde saugten dem unglücklichen Lande den Rest des Wohlstandes aus. „Meine Zeit in Unruhe, meine Hoffnung zu Gott“, diesen Spruch hat der König damals auf einem Grabdenkmal im Dom zu Königsberg gelesen und erschüttert für sich und sein Haus zum Trostwort erwählt.

Aber das tiefste Unglück sollte auch der Anfang der Läuterung und Wiederaufrichtung sein. In Schmerz und Not fand Fürst und Volk Kräfte zur inneren und äußeren Befreiung. Schon die Tage der Schmach hatten leuchtende Ausnahmen gebracht, so die Rückzugs-Gefechte Blüchers und die Vertheidigung Kolbergs durch Schill, Gneisenau und Nettelbeck. Jetzt aber offenbarte dieser geknechtete Staat eine unermeßliche Fülle großer Persönlichkeiten und Fähigkeiten, die sich dem Könige zur Verfügung stellten, als er die segensreiche Arbeit der Reform aller Gebiete des Staatswesens begann. Niemals wieder in der Geschichte hat es sich so klar gezeigt, daß einem Volke von echter Art und tüchtigem Kern die Tage der Not zum Heile gereichen, wenn es nach ernster Selbstprüfung die alten Schäden beseitigen und sich zu Besserem durchringen will.

Unter den Beratern des Königs ragte Karl vom Stein hervor, ein Reichsritter von der Lahn, der seine schöpferische Kraft nun dem Staate weihte, von dem allein die nationale Erhebung ausgehen konnte. Er wollte die einzelnen Stände des Volkes zu thätiger Teilnahme an der Verwaltung ihrer eigenen Angelegenheiten und damit zum Verständnis für die Aufgaben des Staates erziehen, Bürger- und Bauernstand aus drückenden Fesseln lösen. Scharnhorst wurde der Reformator des Heeres, das nur aus Landeskindern bestehen und alle Stände in sich vereinigen sollte; er wußte es durchzusetzen, daß trotz des Verbots Napoleons mehr als 42 000 Mann unter den Waffen gehalten wurden und somit im Stillen die Wehrkraft Preußens für die Tage der Befreiung neu gestärkt ward. Hardenberg, seit 1810 Staatskanzler, führte die Selbstverwaltungs-Reformen des von Napoleon geächteten Stein fort, ordnete das Steuerwesen und gewährte Gewerbefreiheit. Neben diesen politischen und wirtschaftlichen Maßregeln, die den Staat von Grund aus umgestalteten, hat aber Friedrich Wilhelm III. die idealen Mittel zur inneren Kräftigung nicht übersehen: das bewies in dieser trüben Zeit die Gründung der Universität Berlin, an welcher Männer wie Fichte und Schleiermacher Vaterlandsliebe und Frömmigkeit in der preußischen Jugend weckten, während Arndt und Jahn Geist und Körper der Jünglinge für den Entscheidungskampf stählten.

Und dieser schien für viele Patrioten schon 1809 gekommen, als Österreich zum Kampfe gegen Napoleon aufstand und das Beispiel der tapferen Tiroler unter Hofer auch in Preußen Männer, wie Schill, zum Losschlagen anfeuerte. Der unglückliche Ausgang der österreichischen Erhebung aber gab der nüchternen Ueberlegung Friedrich Wilhelms III. recht, der den Rest seiner Herrschaft nicht ohne dringendste Not hatte aufs Spiel setzen wollen. Freilich blieben ihm neue Demütigungen nicht erspart, als Napoleon ihn Ende 1809 von Königsberg nach Berlin zurückzukehren zwang und drohend die Abzahlung der Kriegsschuld forderte; schon rieten die Minister, für die unerschwingliche Summe Schlesien abzutreten, aber der König wies dies voll Stolz zurück.

Damals traf ihn der härteste Schlag, als die Königin Luise ihm am 19. Juli 1810 durch den Tod entrissen wurde. Das Übermaß des Unglücks hatte ihr in der Blüte der Jahre das Herz gebrochen; aber fortan schwebte der Geist der königlichen Dulderin, von der Majestät des Schmerzes geheiligt, als guter Genius über dem Preußenvolke. Und als wenn auch das Letzte dem Staate des großen Friedrich nicht erspart bleiben sollte, so mußte der König, als Napoleon 1812 ein ungeheures Heer gegen Rußland führte, die Unternehmung seines Todfeindes mit einem preußischen Korps unterstützen.

Aber schon schlug die Stunde der Befreiung. Als die zerlumpten Reste der französischen Armee aus Moskaus Brand und Rußlands Schneewüsten nach Preußen flüchteten, als die Kunde kam, daß der Führer des Hilfskorps, General York, aus eignem Entschluß mit den nachdrängenden Russen ein Abkommen geschlossen hatte, wodurch ihnen Ostpreußen geöffnet wurde, da ging wie ein Schlag durch das ganze Land der Ruf zur Erhebung gegen Frankreich. In Königsberg beschloß

Die drei verbündeten Herrscher und die Siegesbotschaft bei Leipzig. (1813.)

der ostpreußische Landtag, von Stein, York und Schön beraten, Anfang Februar 1813, die letzten Kräfte der ausgesogenen Provinz aufzubieten; der König selbst, seit Januar in Breslau, hatte sich jetzt ebenfalls, obgleich von Gefahren umringt, für den Kampf entschieden und mit Rußland ein Bündnis geschlossen. Am 17. März erließ er den Aufruf „An mein Volk", der einen einmütigen, in aller Geschichte einzigen Wiederhall der Begeisterung weckte. Dies zu Boden geworfene Land zögerte nicht, sein Letztes herzugeben, wo es der Abschüttelung der Knechtschaft galt; ein heiliger Wetteifer erfüllte Jung und Alt, Arm und Reich, Vornehm und Gering, Männer und Frauen, zu zeigen, daß Ehre und Vaterland höher stehen als die Güter dieser Welt. In jenen Tagen fand der schwer bedrückte König den frohen Glauben an sein Preußen wieder und fühlte sich von tiefer Rührung durchdrungen, als ihm Scharnhorst die Scharen jubelnder Freiwilliger wies, die, dem Rufe ihres Königs folgend, in Breslau einrückten. Damals ging Scharnhorsts Saat auf, da nun auch die Landwehr, seine eigenste Schöpfung, zu den Fahnen eilte, wetteifernd mit den Linientruppen in Tapferkeit und Todesverachtung. Ein Heer von einer Viertelmillion Streiter, wie es Deutschland noch niemals aufgeboten hatte, erhob sich hier allein aus dem zerstückelten Preußen zum heiligen Kriege für die deutsche Freiheit.

Der Mut der jungen Truppen sollte sich erproben, als im Mai 1813 die ersten Schlachten bei Großgörschen und Bautzen nicht siegreich ausfielen. Dann aber, nach dem Hinzutritt Österreichs zum preußisch-russischen Bunde, brachen Ende August die Tage der Vergeltung an. Von den Preußen gingen die ersten vernichtenden Schläge aus, wie denn die treibende Kraft des Krieges im schlesischen Hauptquartier lag, wo der feurige Husarengeneral Blücher befehligte, der edle Gneisenau die Schlachtpläne entwarf und der eiserne York sein tapferes Korps zu blutigen Siegen führte. Während hier an der Katzbach der Feind zersprengt wurde, vereitelte in der Mark Bülow durch die Siege bei Großbeeren und Dennewitz den Vorstoß der Franzosen auf Berlin. Der Sieg, den Napoleon selbst bei Dresden über das Hauptheer der Verbündeten errang, wurde wettgemacht dadurch, daß das zu ihrer Verfolgung abgeschickte französische Korps dank dem persönlichen Eingreifen Friedrich Wilhelms III. bei Kulm östlich von Teplitz vernichtet wurde. Endlich zog sich der Kampf um Leipzig zusammen, wo die dreitägige Völkerschlacht, 16.—19. Oktober 1813, mit der völligen Niederlage Napoleons endigte. Unter dem Rufe „Hoch Friedrich Wilhelm" drangen die Preußen, die schon am 16. bei Möckern einen blutigen Sieg errungen hatten, am 19. in die Stadt ein. Die drei verbündeten Monarchen aber, denen der österreichische Feldmarschall Schwarzenberg die Siegesnachricht brachte, sanken auf die Kniee und priesen Gott für seine Hilfe.

Während der österreichische Diplomat Metternich den Franzosen die Rheingrenze lassen wollte, setzte Stein die Fortsetzung des Krieges durch und Blücher überschritt in der Neujahrsnacht 1814 den deutschen Strom. Aber es bedurfte noch schwerer und wechselvoller Kämpfe auf französischem Boden, bis es den Preußen vom schlesischen Heere und ihrem Könige im großen Hauptquartier gelang, die furchtsamen Zauderer endlich fortzureißen und, unbekümmert um Napoleon im Rücken, auf Paris zu marschieren. Am 31. März zogen Friedrich Wilhelm III. und Czar Alexander in die feindliche Hauptstadt ein, froh begrüßt von der Bevölkerung, die des Despoten müde war.

Auf dem Wiener Kongreß wurde Frankreich milde behandelt, den Preußen jedoch suchten die neidischen Genossen den blutig erkämpften Siegespreis zu verkürzen. Als aber in den Hader der „Federfuchser" im März 1815 die Kunde drang, daß der verbannte Kaiser Napoleon plötzlich von der Insel Elba zurückgekehrt sei, waren es doch wieder die Preußen, die zuerst auf den Plan traten, da es galt, den geächteten Friedensstörer endlich unschädlich zu machen. Blücher rückte im Juni nach Belgien vor, um dem englischen General Wellington dort die Hand zu reichen. Schon am 18. Juni fiel bei Belle-Alliance, südlich von Brüssel, die Entscheidung; Wellington widerstand so lange tapfer den furchtbaren Angriffen Napoleons, bis die Preußen, obwohl zwei Tage vorher zurückgeworfen, mit höchster Aufopferung unter Bülow zu Hilfe eilten und durch eine hitzige Verfolgung, die Gneisenau leitete, das Heer des geschlagenen Imperators zersprengten. Am 3. Juli schon

Einzug der verbündeten Monarchen in Paris. (1815.)

besetzte Blücher Paris, am 9. zogen die Monarchen wiederum in die Hauptstadt Frankreichs ein. Napoleon wurde nach der fernen Insel St. Helena verbannt.

* * *

Auch jetzt bekam Deutschland nicht das einst geraubte Elsaß zurück; es sollte in seiner Schwäche bestehen bleiben und erhielt darum eine lockere, 35 Staaten vereinigende Bundesverfassung, innerhalb deren Österreich die Leitung hatte. Preußen hatte zwar einen Zuwachs durch Teile von Sachsen, den Rest von Pommern und große rheinisch-westfälische Gebiete gewonnen, aber es bestand jetzt aus zwei unzusammenhängenden Ländermassen, die von zahlreichen norddeutschen Kleinstaaten durchsetzt waren.

Ebensowenig entsprach die äußere Machtstellung Preußens in den nächsten Jahrzehnten seinen gewaltigen Anstrengungen und Erfolgen. Das Bündnis mit Rußland und Österreich wurde 1815 zur „Heiligen Allianz" ausgestaltet, die auf religiösem Grunde den Frieden in Europa verbürgen sollte. Aber Metternich verstand darunter die Erhaltung des Bestehenden und die gewaltsame Unterdrückung jeder freieren Regung. Durch das Schreckgespenst der Revolution wußte er den preußischen König zu überzeugen, daß überall, — nach außen gegen die Einheitsbestrebungen der Völker, im Inneren gegen die studentische Jugend und die Presse — scharfe Maßregeln notwendig seien. So geschah es, daß bei der jungen Generation das Mißverhältnis zwischen den Hoffnungen der Freiheitskriege und der schwunglosen Gegenwart bittere Enttäuschung hervorrief, besonders als die nationalen Bestrebungen der „Burschenschaft" und selbst Männer wie Arndt und Jahn harte Verfolgung erlitten. Friedrich Wilhelm III. hatte bei der wachsenden demokratischen Bewegung, zumal nach der Pariser Julirevolution von 1830, Bedenken, die 1815 in Aussicht gestellte Verfassung mit allgemeiner Volksvertretung zur Ausführung zu bringen. Da aber der Liberalismus darin sein Ideal sah und in vielen Kleinstaaten bereits Abgeordneten-Kammern eingeführt waren, so galt Preußen bald im übrigen Deutschland als das Land des Rückschritts.

Und doch, bei allen Fehlern der preußischen Politik, waren die 35 Jahre zwischen dem Kriege und dem Tode Friedrich Wilhelms III. eine bedeutsame Epoche für Preußens Zukunft, eine Zeit stiller, nüchterner Arbeit und ruhigen Fortschreitens, arm an großen Ereignissen, aber reich an fruchtbaren Ergebnissen. Zunächst galt es, die ungeheuren Verluste, die der Krieg gebracht hatte, wieder einzuholen; dann vor allem, dies langgestreckte preußische Gebiet, das von Memel bis Saarbrücken, von Cleve bis Oderberg reichte und aus ganz entgegengesetzten, durch Vergangenheit, Religion und Gesetze unterschiedenen Bestandteilen zusammengefügt war, zu einem einzigen staatlichen Organismus zu verschmelzen. Wieder einmal sollte das königliche Beamtentum in Preußen seine Fähigkeit zu redlicher und kundiger Verwaltung offenbaren; der Staat wies jetzt eine ungewöhnliche Anzahl hochbegabter Köpfe auf, die, gleich ihrem Könige, in stiller, aber kluger und zweckmäßiger Arbeit an dem Neubau und der Erstarkung der Monarchie schafften.

Friedrich Wilhelm III. selbst begann das innere Einheitswerk, indem er 1817 einen Lieblingsgedanken der Hohenzollern, die „Union" des lutherischen und reformierten Bekenntnisses, anbahnte. Zur Kräftigung des Staates diente aber vor allem die Begründung des Zollvereins, der nicht nur den ackerbauenden Osten mit dem industriellen Westen, sondern auch bald die innerhalb des preußischen Machtbezirks liegenden Bundesstaaten zu einem Ganzen zusammenschloß. Um die von der Kriegsschuld zerrütteten Finanzen zu regeln, schuf der General-Steuerdirektor Maassen 1818 ein Zollgesetz, welches den einheimischen Gewerbefleiß schützte und alle Zölle an die Grenzen verlegte; es bedurfte jedoch bei der Zerstückelung Preußens, um zur Zolleinheit zu gelangen, des Anschlusses der Nachbarstaaten, und dieser erfolgte auch allmählich, trotz aller Gegenströmungen, besonders seit der Finanzminister Motz 1828 mit Hessen-Darmstadt den ersten größeren Bundesstaat dem Zollverein angliederte. Als dann in diesen bis 1834 auch die andern Süddeutschen eintraten, hatte Preußen die große That der wirtschaftlichen Einheit vollbracht, die auch die Grundlage für die ersehnte politische werden mußte.

Zugleich nahm die Wohlfahrt des Staates einen ungeahnten Aufschwung in dieser Friedenszeit; die Bevölkerung wuchs anhaltend, in Berlin auf das doppelte, Handel und Industrie erstarkten; durch Kunst-

Friedrich Wilhelm IV. auf dem Dombaufest in Köln. (1848.)

straßen, besonders durch den 1835 begonnenen Eisenbahnbau wurde der Verkehr mächtig gehoben. Das Schulwesen wurde unter dem Minister Altenstein tüchtig gefördert; der Gründung der Universitäten Berlin und Breslau folgte die der rheinischen Hochschule Bonn. An diesen Anstalten lehrten große Gelehrte, wie Niebuhr, Savigny, Ranke, die Humboldts und die Grimms, während Künstler, wie Schinkel und Rauch, die Hauptstadt mit herrlichen Gebäuden und Bildwerken schmückten.

So schritt Preußen, obwohl vielfach gelästert und angefeindet, in Wahrheit doch an der Spitze Deutschlands. Es verdankte diese Blüte seinem Könige Friedrich Wilhelm III., der in bescheidenem Walten es verstanden hatte, alle jene Kräfte heranzuziehen zu rastloser Arbeit für eine große Zukunft. Sein Lebensabend war von der Liebe des Volkes verklärt, das mit ihm durch nie wankende Treue in froher und trüber Zeit verbunden war. Tiefbetrauert ist er am 7. Juni 1840 entschlafen.

Friedrich Wilhelm IV. (1840—1861). Mit gespannter Erwartung begrüßte Preußen und Deutschland den neuen Herrscher; ungemessene Wünsche und Hoffnungen, unter dem alten Könige mühsam zurückgehalten, drängten stürmisch nach Erfüllung. Und es schien, als wenn Friedrich Wilhelm IV. allen zu genügen und sein Volk in die neue Zeit zu führen berufen sei. Er hatte die sorgfältigste Erziehung genossen; jede Anlage und Neigung war unter der Obhut liebender Eltern von den besten Lehrern ausgebildet worden; der Vater hatte ihm gestattet, schon als Kronprinz an der Verwaltung des Staates Teil zu nehmen. Zwar fehlte ihm die angestammte Liebe der Hohenzollern zum Militär; dafür hatte er Talente für Kunst und Wissenschaft, einen hohen Sinn für das Schöne, Geist und Witz. Doch zeigte sich schon früh ein Mangel, die Erfordernisse des Lebens nüchtern zu betrachten und beharrlich durchzusetzen; seine romantische Schwärmerei stand mit dem Geist der Zeit in Widerspruch. Ihm fehlte die Fähigkeit, seine Wünsche zu zügeln und äußere Einflüsse sachlich zu prüfen; er liebte es, in beredten Worten seine Absichten und Versprechungen kundzuthun; erfüllte er sie nicht, so blieb ihm der Vorwurf des Wankelmutes nicht erspart. So war dem edlen Sinne des Königs leider eine Kette von schmerzlichen Fehlschlägen und bitteren Erfahrungen beschieden.

Der Anfang schien in jeder Hinsicht glückverheißend. Der neue König zog an seinen Hof, was Deutschland an berühmten Künstlern und Gelehrten aufzuweisen hatte. Die ehrwürdigen architektonischen Zeugen einer großen Vergangenheit, wie der Kölner Dom und die Marienburg, sollten herrlich wieder erstehen, die alte Stammburg der Hohenzollern neu aufgebaut werden. Und der Hauptwunsch der Zeit, von dem sie sich Abhilfe aller Beschwerden versprach, eine konstitutionelle Verfassung, schien durch königliche, in glänzenden Reden kundgegebene Verheißungen der Erfüllung nahe. Um so größer war dann die Enttäuschung, als allmählich in den Anschauungen des Königs und des Volkes ein starker Gegensatz hervortrat, da Friedrich Wilhelm den Zusammentritt einer allgemeinen Volksvertretung für verderblich hielt. Und als er endlich 1847 den „Vereinigten Landtag“ berief, war die Stimmung im Lande bereits völlig umgeschlagen. Dazu kam nun im Februar 1848 die neue Revolution in Paris, die überallhin ihre Einflüsse geltend machte. So nahte jener Unglückstag des 18. März, der das in Preußen unerhörte Schauspiel eines Straßenkampfes zwischen den Söhnen desselben Landes bieten sollte. Der König, welcher schon vor dem Ausbruche der Empörung den Wunsch des Volkes bewilligt hatte, war tief erschüttert; mit Selbstüberwindung that er alles, um die Ruhe im Innern wiederherzustellen, aber er hat sich von diesem furchtbaren Schlage nie wieder erholt.

Mittlerweile war in Frankfurt am Main die von ganz Deutschland erwählte National-Versammlung zusammengetreten. Auf dem Dombaufeste, das im Sommer 1848 in Köln gefeiert wurde, begrüßte eine Deputation jenes Parlaments den anwesenden Friedrich Wilhelm IV., und er pries seine Mitglieder als die Baumeister an dem großen Werke der deutschen Einheit. Und so fest stand doch die Meinung von dem Berufe Preußens zur Führung Deutschlands, daß die Frankfurter Versammlung im März 1849 beschloß, Friedrich Wilhelm IV. die Kaiserwürde zu übertragen. Allein er lehnte ab, weil er die deutsche Krone nur mit Zustimmung aller deutschen Fürsten annehmen wollte; er mochte fühlen, daß sie nicht durch Parlamentsbeschlüsse, sondern erst durch harte Kämpfe gegen den österreichischen Rivalen errungen werden könne. Eine Union

Die Krönung Wilhelms I. zu Königsberg. (1861.)

mit den deutschen Mittelstaaten zu Stande zu bringen, mißlang: Preußen mußte sich 1850 in Olmütz vor Österreich demütigen, seine Einheitsbestrebungen aufgeben und Schleswig-Holstein schwächlich den Dänen überlassen.

Im Innern hatte der König eine Verfassung gewährt und die Revolution allmählich erstickt; aber er hatte den frohen Mut und das Vertrauen zu sich verloren. So glücklich seine Ehe mit der edlen Elisabeth von Bayern war, so blieb sie doch kinderlos. Als der König 1857 einen Schlaganfall erlitten hatte, berief er seinen Bruder Wilhelm zur Stellvertretung und suchte vergeblich auf Reisen Genesung. Am 2. Januar 1861 fand Friedrich Wilhelm IV. im Tode Erlösung.

Wilhelm I. (1861—1888.) „Unser Sohn Wilhelm wird, wenn mich nicht alles trügt, wie sein Vater: einfach, bieder und verständig!" so hat die Königin Luise 1809 ihren zweiten Sohn geschildert. Damals hatte er (geboren am 22. März 1797) schon die trübsten Zeiten mit seinen Eltern erlebt; auf ihn passen auch die Worte der Mutter: „für unsere Kinder mag es gut sein, daß sie die ernste Seite des Lebens schon in ihrer Jugend kennen lernen". So haben sich in dem jungen Prinzen Charakter und Anlage frühzeitig ausgebildet. Er durfte dann 1814 am Feldzuge teilnehmen, zeichnete sich am 27. Februar im Treffen von Bar sur Aube durch Unerschrockenheit aus und erhielt dafür das eiserne Kreuz. Am 8. Juni 1815 wurde er in Charlottenburg konfirmiert, wobei er sich für sein Leben die edelsten Grundsätze aufstellte.

In der nun folgenden Friedensperiode begann für den Prinzen eine Zeit ernster Arbeit; bald zeigte es sich deutlich, daß ihn alle seine Neigungen, Talente und Studien auf das Heer hinwiesen. Er wollte seinem Bruder in Zukunft treu zur Seite stehen als sein tüchtigster Offizier, als bester Kenner und rastloser Förderer der bewährten Institution, die Preußen groß gemacht hatte: seiner ruhmvollen Armee. Im Sinne Scharnhorsts betrachtete er sie von Anfang an als eine unvergleichliche Erziehungsanstalt für das preußische Volk, als ernste Schule für die Offiziere. Darum sollte das Heerwesen mit unermüdlicher Sorgfalt gepflegt werden, auf daß es in langer Friedenszeit nicht in Verfall gerate; aber nicht durch äußerlichen Drill, sondern durch „Weckung der intellektuellen Kräfte" sollte der Soldat zur Disziplin, Ausdauer und Schlagfertigkeit erzogen werden.

Das nächste Jahrzehnt verging dem Prinzen in stiller militärischer Thätigkeit. Er hatte sich 1829 mit der geistvollen Prinzessin Augusta von Sachsen-Weimar vermählt; 1831 wurde ihnen ein Sohn Friedrich Wilhelm geboren. Aufs tiefste traf ihn 1840 das Hinscheiden des geliebten Vaters, das auch seine Stellung wesentlich veränderte, insofern er — jetzt Prinz von Preußen — der nächste am Throne und bei der Kinderlosigkeit Friedrich Wilhelms IV. der Vater des künftigen Königs war: denn daran dachte er kaum, daß er selbst noch die Krone tragen würde. Im übrigen lebte er auch jetzt seinen militärischen Pflichten und griff erst in die innere Politik ein, als sein Bruder an die schwere Aufgabe einer der Zeitströmung entsprechenden Berufung von Volksvertretern heranging. Hier hat der Prinz mit den ernstesten Bedenken nicht zurückgehalten; er schrieb 1847: „Das alte Preußen geht mit Publizierung dieses Gesetzes zu Grabe. Möge das neue ebenso erhaben und groß werden, wie es das alte mit Ruhm und Ehre geworden ist."

Da brach das Jahr 1848 herein. Die Feinde der Monarchie hatten den Prinzen beim Volke verdächtigt als Gegner aller freiheitlichen Ideen, wie sie auch das Heer in einen feindlichen Gegensatz zum Bürgertum zu bringen suchten. So verfiel Wilhelm dem Hasse der Berliner Revolution. Auf Befehl des Königs reiste er im März nach England, kehrte aber im Juni zurück und erklärte in der Nationalversammlung: „Ich werde der konstitutionellen Regierungsform mit der Treue und Gewissenhaftigkeit meine Kräfte weihen, wie das Vaterland sie von meinem offen ihm vorliegenden Charakter zu erwarten berechtigt ist."

Bald darauf verfaßte der Prinz eine Denkschrift, worin er die vom Frankfurter Parlamente entworfene Wehrverfassung scharf kritisierte; er forderte eine dreijährige, ununterbrochene Dienstzeit des Wehrpflichtigen, denn „nicht Abrichtung, sondern Erziehung" zum Soldaten sei das Ziel. Damals schrieb er die prophetischen Worte: „Wer Deutschland erringen will, muß es sich erobern. Ob die Zeit zu dieser Einheit schon gekommen ist, weiß Gott allein; aber daß Preußen

Wilhelm I. und Bismarck in Babelsberg. (1862.)

bestimmt ist, an die Spitze Deutschlands zu kommen, liegt in unserer ganzen Geschichte."

Das Jahr 1857 bezeichnet einen wichtigen Wendepunkt in der Laufbahn des Prinzen Wilhelm: bei der schweren Erkrankung des Bruders wurde er zum Stellvertreter und 1858 zum Prinzregenten ernannt.

Damit begann schon die Ausübung der königlichen Gewalt, und sofort berief der Prinzregent freisinnige Männer in das Ministerium der „neuen Ära", die ihn in der Ausführung seines edlen Regierungsprogrammes unterstützen sollten. Dieses befürwortete besonders die „moralischen Eroberungen, die Preußen in Deutschland machen müsse, damit die Welt wisse, daß es überall das Recht zu schützen bereit sei." Während des Krieges Österreichs gegen Frankreich 1859 hatte der Prinzregent bei der Mobilmachung seiner Truppen so manche Schäden erkannt, die ihn zwangen, mit Vorschlägen einer Neuordnung des Heeres hervorzutreten. Anfang 1860 wurde dem Landtage das Reorganisations-Gesetz unterbreitet, von dem Wilhelm I. später sagte: „Es ist mein eigenstes Werk und mein Stolz; ich habe daran gearbeitet nach meinen Erfahrungen und pflichtmäßiger Überzeugung." Dieser Entwurf, von dem ein Kenner rühmte: „es ist das Klarste, Musterhafteste, was ich je gelesen", stieß auf Widerspruch. Obwohl das große Prinzip der allgemeinen Wehrpflicht erst jetzt durchgeführt und die älteren Jahrgänge von drückendem Dienste entlastet wurden, versagte sich die Volksvertretung dennoch einer Vermehrung der Armee, einerseits weil sie davon eine übergroße Stärkung der Krone befürchtete, anderseits, weil die zaghafte auswärtige Politik Preußens bisher wenig Hoffnung gab, daß man dies neue Heer im Sinne eines kräftigen, nationalen Ehrgeizes brauchen würde.

Anfang 1861 wurde der Prinzregent durch den Tod Friedrich Wilhelms IV. auf den Thron berufen. In einem Alter, in dem sonst der Mensch auszuruhen pflegt von des Lebens Mühen, war er noch von der Vorsehung bestimmt, die schwersten Kämpfe durchzufechten und eine der gewaltigsten Begebenheiten der Weltgeschichte zu leiten: das größte Jahrzehnt der deutschen Geschichte hob an.

* * *

In einem Erlaß an sein Volk sprach Wilhelm I. die schönen Worte: „Es ist Preußens Bestimmung nicht, dem Genusse der erworbenen Güter zu leben. In der Anspannung seiner geistigen und sittlichen Kräfte, in dem Ernst und der Aufrichtigkeit seiner religiösen Gesinnung, in der Vereinigung von Gehorsam und Freiheit, in der Stärkung seiner Wehrkraft liegen die Bedingungen seiner Macht." Im Sommer 1861 verkündete der König seinen Entschluß, in feierlicher Handlung die Krönung zu vollziehen, was seit den Tagen des ersten Königs nicht mehr geschehen war. Durch das Mißlingen eines fanatischen Mordanschlags nur noch mehr gestärkt im Vertrauen auf Gottes Beistand, hat Wilhelm I. am Jahrestage der Leipziger Schlacht, am 18. Oktober 1861, in der alten Krönungsstadt Königsberg vor den Abgesandten der Europäischen Fürsten und den Vertretern des Preußischen Volkes die Krone von Gottes Tisch genommen und sich aufs Haupt gesetzt.

Es war die ernste Einleitung des schweren Kampfes mit der Volksvertretung, bei dem es sich nach Wilhelms Überzeugung eben um die Rechte der Krone im Gegensatze zu der von der Mehrheit der Abgeordneten angestrebten Herrschaft des Parlaments handelte. Bald darauf begann die Zeit des „Konflikts", ein fünfjähriger Zwiespalt zwischen König und Volk, wie er in Preußen nie gekannt war. Der Landtag lehnte, trotz der ausgezeichneten Vertretung der Reformvorschläge durch den sachkundigen und feurigen Kriegsminister von Roon, die zur Ausführung nötigen Geldbewilligungen ab und zwang dadurch die Regierung, die bereits in die Wege geleiteten Maßregeln für die Neuordnung des Heerwesens auch ohne die Zustimmung der Volksvertretung fortzuführen. Da das Ministerium der neuen Ära trotz der besten Absichten inmitten der streitenden Parteien keinen festen Boden gewinnen konnte, berief der König als letzten Helfer den früheren Gesandten am Frankfurter Bundestag, Otto von Bismarck, der seit 1859 Preußen an den Höfen von Petersburg und Paris vertreten hatte. In einem entscheidenden Gespräche im Park zu Babelsberg am 22. September 1862 schloß sich zwischen den beiden einzigen Männern ein Bund der Treue und Hingebung, der ein Vierteljahrhundert zum Heile Preußens und zur Größe Deutschlands alle

Die Begegnung Wilhelms I. mit seinem Sohne bei Königgrätz. (1866.)

Prüfungen und Anfechtungen überdauern sollte. Tief gebeugt durch den unheilvollen Zwist zwischen Krone und Volk hatte der König den Plan gefaßt, abzudanken, wenn er keinen Minister fände, der mutig die Rechte des Königtums und die Neugestaltung des Heeres gegen den Ansturm des Parlaments verteidigte. Bismarck erklärte sich bereit, mit dem Könige zu kämpfen und zu fallen; ihm war dieser König, wie er nachmals gesagt hat: „eine von den fürstlichen Gestalten, in Seele und Körper, deren Eigenschaften, mehr des Herzens als des Verstandes, die im germanischen Charakter hin und wieder vorkommende Hingebung ihrer Diener und Anhänger auf Tod und Leben erklären“.

So begann Bismarck sein Ministerium, von Anfang an überzeugt, daß der Konflikt im Innern nur zu überwinden sei, wenn Preußen gleichzeitig eine große nationale Politik in Deutschland ergriffe. Freilich konnte er sein Ziel, die deutsche Einheit unter Preußens Führung, das Ideal so vieler guter deutscher Männer, nicht auf den oft versuchten Wegen, sondern nur auf seinem eigenen, mühsamen und verschlungenen Pfade erreichen. Daß er diesen trotz aller Anfeindungen verfolgen durfte, verdankte er seinem Könige, der an ihm festhielt auch in Tagen, wo Niemand sonst ihn verstand und so Viele ihn verderblichen Leichtsinns und Irrtums ziehen. Was das gütige Gemüt des Königs in jenen Tagen des Konflikts, wo ein Teil seines getreuen Volkes sich von ihm abgekehrt hatte, gelitten hat, das geht in ergreifender Weise aus manchen seiner Äußerungen hervor. Als ihm ein rheinischer Patriot damals seine Trauer über das Zerwürfnis kundgab, erwiderte der König: „Trauere ich denn nicht? Ich schlafe keine Nacht.“

Aber schon nahten die Tage, wo, inmitten aller unklaren Bestrebungen, Bismarcks thatkräftige, auf das Notwendige bedachte und doch neue, geniale Politik die Nebel der deutschen Zwietracht zerstreuen sollte. Die nördliche Grenzmark Schleswig-Holstein, vor fünfzehn Jahren in ihrem Kampfe gegen den dänischen Bedrücker von den deutschen Brüdern im Stiche gelassen, sollte jetzt den ersten Anstoß zur Neugestaltung der unhaltbaren deutschen Verhältnisse geben. Die vertragswidrige Einverleibung Schleswigs in Dänemark ließ endlich das deutsche Schwert aus der Scheide fahren; Österreich und Preußen vereinigten sich und ihre Truppen überschritten am 1. Februar 1864 die Eider. Den Preußen war es beschieden, mit zwei mächtigen Schlägen das Entscheidende zu vollbringen: am 18. April erstürmten die tapfern Brandenburger unter Führung des Prinzen Friedrich Karl, des Neffen Wilhelms I., die stark befestigten Düppeler Schanzen; am 29. Juni erfolgte der kühne Handstreich, der die Dänen von der Insel Alsen verjagte.

Für den König war dieser erste glorreiche Erfolg wie ein Aufatmen nach so viel Jahren unfruchtbaren Haders: nicht nur die Befreiung der Nordmark war endlich erreicht, sondern auch der innere Frieden stand zu erwarten, nachdem die Neugestaltung des Heerwesens sich so trefflich bewährt hatte. Aber seine Hoffnung erfüllte sich nicht. Der Landtag lehnte nach wie vor die Geldmittel für die Armeereform ab. Der österreichische Genoß aber wollte die Festsetzung Preußens in Schleswig-Holstein nicht zulassen; schon drohte der Krieg zwischen den beiden Mächten auszubrechen, da wurden durch den Gasteiner Vertrag im August 1865 noch einmal „die Risse im Bau verklebt“, indem Schleswig von Preußen, Holstein von Österreich in Verwaltung genommen werden sollte.

Aber die deutsche Einheit war doch nicht anders zu gewinnen als mit „Blut und Eisen“. Österreich konnte seine vielhundertjährige Vorherrschaft an den jüngeren preußischen Nebenbuhler nicht gutwillig abtreten; für beide Mächte zugleich war in Deutschland kein Platz. Die Führerschaft aber konnte schließlich doch nicht dem vielsprachigen, zerklüfteten Donaureiche, sondern nur dem aufstrebenden, reindeutschen nördlichen Großstaate zufallen, der jetzt nach trüber Zwischenzeit die alte Thatkraft und die Initiative der großen Hohenzollern-Fürsten wiedergefunden hatte. Furchtbar war es, daß die Mittelstaaten sich auf Österreichs Seite stellten und so noch einmal einen deutschen Bruderkrieg heraufbeschworen. Während Österreich heimlich mit dem raublustigen Frankreich verhandelte, hatte Preußen sich mit dem Hause Savoyen verbündet, das der italienischen Nation die ersehnte Einheit zu bringen berufen war. Mehr jedoch, als alle Allianzen, galt wieder die innere Kraft Preußens, die sich nun in der Stunde der Gefahr, inmitten von Haß und Verblendung draußen und daheim, über

Wilhelm I. empfängt bei Sedan Napoleons III. Brief mit der Ankündigung der Übergabe. (1870.)

alles Erwarten bewährte. Kaum war am 14. Juni 1866 der Krieg erklärt, als mit staunenswerter Sicherheit und Schnelligkeit die Mobilmachung und der Aufmarsch des Heeres sich vollzog. Die beiden Hauptarmeen sollten von Sachsen und Schlesien aus in Böhmen einbrechen und sich dort die Hand reichen: das war der Plan Moltkes, des genialen Schlachtendenkers, dessen strategische Begabung König Wilhelms militärischer Scharfblick erkannt und an die rechte Stelle gebracht hatte.

So zogen denn die Preußen wieder die alten Siegesstraßen des großen Friedrich zu neuen Erfolgen. Als der König am 1. Juli zur Armee abging, hatte er den Seinen hocherfreut schon die ersten Ruhmesthaten verkünden können; und bereits am 3. Juli 1866 wurde dann unter seinen Augen die größte Schlacht des Jahrhunderts bei Königgrätz geschlagen, die nach heißem Ringen mit der Niederlage der Österreicher endete. Welch ein Augenblick, als am Abend der König seinem Sohne, dem Kronprinzen, auf dem Schlachtfelde, wo dieser durch das rechtzeitige Eintreffen seiner Truppen den herrlichen Sieg entschieden hatte, begegnete und den Orden „pour le mérite“ umhing!

Damit war dieser „siebentägige Krieg“ auch beendet. Der Vorfriede von Nikolsburg in Mähren am 26. Juli setzte fest, daß Österreich aus dem Deutschen Bunde austrete und die Neuordnung Norddeutschlands anerkenne. Keine Gebietsabtretung sollte den Gegner demütigen und einer künftigen Allianz Deutschlands mit dem Bruderstaat im Wege stehen. Dasselbe galt für die Süddeutschen, mit denen Preußen schon jetzt ein geheimes Schutz- und Trutz-Bündnis schloß. Anders geschah es mit den norddeutschen Gegnern. So schwer König Wilhelm sich entschlossen hatte, gegen sie die Waffen zu kehren, so streng bestand er jetzt auf Vollziehung des Notwendigen: die größeren verloren, bis auf den tapferen sächsischen Kampfgenossen Österreichs, ihre Selbständigkeit. Durch den gewaltigen Zuwachs von Hannover, Kurhessen, Nassau und Schleswig-Holstein hatte Preußen den ersehnten Zusammenhang seines Gebietes und die Nordseeküste errungen; zugleich trat es an die Spitze eines Norddeutschen Bundes, der in seiner Verfassung ebenso den nationalen wie den liberalen Wünschen und Hoffnungen entsprach.

Ruhmgekrönt war Wilhelm „der Siegreiche“ Anfang August heimgekehrt; aber wie er kurz vorher den Militärgeistlichen zugerufen hatte: „Keine Überhebung jetzt, nicht Übermut, sondern Demut,“ so hat er nun in edelster Versöhnlichkeit den Landtag um „Indemnität“ gebeten, womit er freiwillig das in der Konfliktszeit zum Besten des Staates umgangene Geldbewilligungsrecht der Volksvertretung anerkannte.

War somit in kurzer Zeit unerhört Großes gethan, so war doch das Ziel noch nicht erreicht, das König Wilhelm bei der Eröffnung des norddeutschen Reichstags am 24. Februar 1867 andeutete: „Möge doch unser gemeinsames Werk, der Traum von Jahrhunderten, das Sehnen und Ringen der jüngsten Geschlechter, der Erfüllung entgegengeführt werden.“ Noch hatte die Einheit Deutschlands einen gefährlichen Gegner: Frankreich. Wilhelm hatte schon 1852 kurz und treffend von dem neuen Kaiser Napoleon III. geschrieben: „Er baut auf Franzosen und Volkssouveränetät — also auf Sand! Er wird aber mit Aussicht auf einen einst nötigen Krieg dahin diplomatisieren, daß in Deutschland die Uneinigkeit genährt wird.“ Auf der Zersplitterung der Mitte Europas hatte die führende Stellung Frankreichs bisher beruht; daher das Aufflammen der nationalen Leidenschaft, wie es nach dem Siege Preußens 1866 in dem Rufe „Revanche für Sadowa“ zum Ausdruck kam. Napoleon, dem die militärische Kraft Preußens nicht entging, hätte wohl gern durch unblutige Landerwerbungen an der Ostgrenze den Ehrgeiz seines Volkes befriedigt; aber sein oft wiederholtes Begehren nach solchen „Kompensationen“ am Rhein oder in Belgien wurde von Bismarck entweder „dilatorisch“ behandelt oder energisch zurückgewiesen. So blieb nur noch eines für Frankreich übrig: im Bunde mit Österreich und mit den partikularistischen süddeutschen Elementen Preußen an der Einigung Deutschlands, nötigenfalls mit Gewalt, zu verhindern.

So kam das Jahr 1870. Zur Erholung weilte der dreiundsiebzigjährige Monarch seit dem Juni in Ems. Am 20. Juni hatte der Prinz Leopold von Hohenzollern das Angebot der erledigten spanischen Krone angenommen, am 6. Juli der neue französische Minister des Auswärtigen Gramont, von der öffentlichen Meinung getrieben, in drohenden Worten

Wilhelm I. empfängt die deutsche Kaiserwürde im Schlosse zu Versailles. (1871.)

gegen diese Schädigung Frankreichs durch Preußen protestiert, am 12. daher der Prinz auf Spanien verzichtet. Aber die Kriegspartei in Paris bewirkte, daß der Gesandte Benedetti in Ems von dem preußischen Könige persönlich das Versprechen erhalten sollte, niemals eine Bewerbung des Prinzen um den spanischen Thron zu gestatten. Als der König am 13. diese Zumutung ohne Schroffheit, aber entschieden zurückgewiesen und Bismarck die Emser Vorgänge veröffentlicht hatte, war der Krieg unvermeidlich. Der greise Monarch aber gewahrte an dem Jubel seines Volkes auf der Rückreise und in der Residenz, daß die Nation in ihm den Hort ihrer Ehre, den Träger ihrer Hoffnungen sah.

Und nun erhob sich Deutschland wie ein Mann. Die Süddeutschen, auf deren Neutralität Napoleon hoffte, schlossen sich an Preußen an, allen voran Bayerns edler König Ludwig II. Welch ein Gegensatz: dort Frankreich voller Ruhm- und Rachbegier, übereilt und schlecht gerüstet, hier das deutsche Volk, freudig und ernst, in nie gekannter Eintracht und musterhafter Ordnung zu den Fahnen eilend. Am 19. Juli erhielt Preußen die Kriegserklärung, am selben Tage, dem Todestage der Königin Luise, ließ König Wilhelm das Eiserne Kreuz „in seiner ganzen Bedeutung wieder aufleben," nachdem er an der Ruhestätte seiner Mutter in stiller Andacht gebetet hatte. Am 31. ging er zur Armee ab mit einem Erlasse an sein Volk, worin es heißt: „Herausgefordert, sind wir entschlossen, gleich unsern Vätern und in fester Zuversicht auf Gott den Kampf zu bestehen zur Errettung des Vaterlandes."

Wie rasch die großen Ereignisse auf dem Kriegsschauplatze folgen sollten, hat der König selbst nicht geahnt. Fünf glänzende Siege hatten den Deutschen schon den Einmarsch in Frankreich geebnet, als ihr Oberfeldherr am 18. August auf die Höhe von Flavigny ritt, um die furchtbar blutige Schlacht bei Gravelotte und St. Privat zu überblicken, die nach neunstündigem Ringen ungeheurer Truppenmassen das französische Hauptheer nach Metz zurückwarf. Und vierzehn Tage darauf, am 1. September, da hielt der König auf dem Hügel von Frenois und überschaute zu seinen Füßen die Maasfestung Sedan, in welche sich nachmittags das geschlagene zweite Heer der Franzosen zusammendrängte, während der eiserne Gürtel der deutschen Korps sich ringsherum geschlossen hatte. Da nahte von dort der General Reille mit dem denkwürdigen Briefe des nach Sedan geflüchteten Kaisers Napoleon, der dem Sieger seinen Degen und damit seine Armee übergab. Am 2. September trafen die beiden Herrscher im Schlößchen Bellevue zusammen: „Was ich alles empfand, nachdem ich vor drei Jahren Napoleon auf dem Gipfel seiner Macht gesehen, kann ich nicht beschreiben" berichtet der König an seine Gemahlin und ergänzte jenes berühmte Sedan-Telegramm „welch eine Wendung durch Gottes Führung" am nächsten Tage durch die schönen Worte: „Wenn ich mir denke, daß nach einem großen glücklichen Kriege ich während meiner Regierung nichts Ruhmreicheres mehr erwarten konnte und ich nun diesen weltgeschichtlichen Akt erfolgt sehe, so beuge ich mich vor Gott, der allein mich, mein Heer und meine Mitverbündeten ausersehen hat, das Geschehene zu vollbringen."

Die Hoffnung, nach solchen Erfolgen den Krieg rasch zu beendigen, erwies sich als trügerisch. Seit dem 5. Oktober weilte der König im prunkenden Schlosse Ludwigs XIV. zu Versailles, nachdem die Einschließung von Paris durch die Deutschen vollendet war. Während aber hier und in den Provinzen der furchtbare Kampf vier harte Wintermonate weitertoben sollte, hatte in Deutschland die Freude über das schon Errungene und die Hoffnung zukünftiger Größe in zwei starken Wünschen der Nation Gestalt gewonnen: Elsaß-Lothringen sollte wieder deutsch sein, und ein Kaiser an der Spitze des geeinten Reiches die herrlichen Erinnerungen der Vorzeit zu neuem, schöneren Leben erwecken. Die deutschen Fürsten folgten dem Vorgange des Königs von Bayern und stimmten dem Beschluß des norddeutschen Reichstags zu, dessen Abordnung am 18. Dezember dem Könige das Anerbieten der Kaiserkrone überbrachte. So konnte denn am 18. Januar 1871 — dem Tage der ersten Hohenzollernkrönung — in Versailles die Proklamation „An das deutsche Volk" erfolgen, worin Wilhelm I. vor seinen deutschen Mitfürsten, Feldherrn und Räten, vor den Deputationen des Heeres und Volkes in feierlicher Handlung die Kaiserwürde übernahm und gelobte, „allzeit Mehrer des deutschen Reiches zu sein, nicht an kriege-

Kaiser Wilhelm I. am „historischen Eckfenster."

rischen Eroberungen, sondern an den Gütern und Gaben des Friedens, auf dem Gebiete nationaler Wohlfahrt, Freiheit und Gesittung."

Nun ließ auch das Ende dieses gewaltigen Kampfes nicht lange mehr auf sich warten. Am 26. Februar wurde der Friede geschlossen, am 3. März begab sich Kaiser Wilhelm in das eroberte Paris, am 16. Juni zog er an der Spitze seines ruhmgekrönten Heeres und seiner Paladine in Berlin ein. Ein Krieg, so ungeheuer an Massen, Opfern, Entscheidungen, wie ihn die Weltgeschichte nie gekannt, war zu Ende geführt; und zum ersten Male hatte Deutschland die Früchte seiner Hingabe und Tapferkeit heimgebracht, um nun in Frieden, von keinem Nachbarn gestört, sich der Arbeit an seiner Fortentwickelung zu widmen.

* * *

Nach der Heimkehr sagte der neue Kaiser: „Lange lag dieser Ausgang in den Herzen; jetzt ist es an das Licht gebracht. Sorgen wir, daß es Tag bleibe!" Er selbst verhoffte, „in einer kurzen Spanne Zeit" höchstens die Anfänge der neuen Ordnung zu erleben. Und doch war es dem jungen Reiche vergönnt, noch siebzehn Jahre unter dem milden Szepter seines ersten Kaisers zu blühen und zu gedeihen. Wie reich war noch dieser Zeitraum an bedeutenden Ereignissen, welche Wandlungen und Fortschritte erlebte Deutschland: die Kämpfe mit Rom, die neue Zoll-Gesetzgebung zum Schutze der heimischen Landwirtschaft und Industrie, die Begründung des Dreibundes zwischen dem deutschen Reiche, Österreich und Italien, die Anfänge der Kolonialpolitik und so viele andere wichtige Thaten der jungen deutschen Großmacht. Aber in allen Fährnissen einer aufgeregten Zeit, eines unablässigen, oft heftig tobenden Kampfes der Parteien, Stände, Bekenntnisse bewahrte Wilhelm I., dem Gott im patriarchalischen Alter die ungetrübte Kraft des Geistes und Körpers schenkte, jene großen Eigenschaften des Charakters, die ihm von Jugend auf eigen, aber in rastloser Selbstzucht immer vollkommener ausgebildet waren: die Treue, Gerechtigkeit, Menschenkenntnis und die hohe Auffassung von seiner Würde und Pflicht. Bis ins Alter besaß er die schwere Kunst, einer modernen, ihm vielfach fremdartigen Zeit gerecht zu werden, in immer neue Aufgaben sich hineinzuleben und sie zu durchdringen. Dabei ging er doch nicht ab von seinen Grundanschauungen und setzte die erforderliche Erhöhung der militärischen Machtmittel auch jetzt gegen eine unbelehrbare Opposition energisch durch. Vor allem aber bewahrte er sich die oft und mit Recht gerühmte Fähigkeit, geniale Ratgeber zu erwählen und festzuhalten. Neidlos und bescheiden schien er wohl hinter jenen großen Paladinen, wie Bismarck, Moltke, Roon, zurückzutreten, aber niemals wurde seine Majestät von ihnen verdunkelt: er blieb immer der königliche Herr, der jedem die Grenzen seines Amtes zog, dem zu dienen auch die Bedeutendsten für die höchste Ehre hielten.

Das tiefste Leid und zugleich das höchste Glück erlebte der Kaiser aber damals, als im Frühjahr 1878 zweimal die Hand des Meuchelmords sich nach ihm ausstreckte. Nicht zu fassen war es, wie gerade dieser gütige Monarch das Ziel fluchwürdigen Verbrechens sein konnte; aber darum erfuhr er auch jetzt erst die volle Liebe und Verehrung, mit der die Nation an ihm hing. Und er vergalt sie mit jener kaiserlichen Botschaft vom 17. November 1881: die sozialen Schäden sollten durch werkthätige Abhilfe, durch Beseitigung der Wurzeln, woraus sie keimten, geheilt werden. Wieder einmal erwies sich ein Hohenzoller als Schützer der Armen und Notleidenden. Wilhelm I. schuf, was noch kein Staat in dieser Weise besaß, eine Versicherung für die Massen der Industriearbeiter gegen Unfälle, Krankheit und Invalidität — Einrichtungen von wahrhaft christlicher, versöhnender Nächstenliebe.

Furchtbares sollte der greise Kaiser in seinen letzten Lebensjahren durchmachen; umgeben von einem reichen Kranze blühender Enkel, noch begnadet, den Urenkel zu begrüßen, mußte er den edeln und starken Sohn an unheilbarer Krankheit dahinsiechen sehen. Da brach auch die Lebenskraft des Vaters. Am 9. März 1888 ist Kaiser Wilhelm sanft entschlafen, betrauert von seinem Volke, wie nie ein Vorgänger. Verwaist schien Deutschland nun, wo sein sorgendes Auge nicht mehr wachte; und vergebens blickten Tausende wohl nach jenem „historischen Eckfenster" des einfachen Palastes „Unter den Linden", von dem aus in ernsten und frohen Stunden sein gütiger Blick so oft sein treues Volk gegrüßt hatte.

Kaiser Friedrichs III. letzte Parade. (1888.)

Friedrich III. (1888). Welch ein Gegensatz zwischen dem Schicksal des ersten und des zweiten deutschen Kaisers! Dort von stiller Jugend ein Aufsteigen zu ungeahnten Erfolgen bis ins höchste Alter, hier die herrlichsten Hoffnungen in der Vollkraft der Mannesjahre geknickt. Noch war dem Hohenzollernstamm kein Fürst entsprossen, dessen rein menschliches Geschick so tief erschütterte, wie das Kaiser Friedrichs.

Als dem Prinzen Wilhelm am Tage der Leipziger Schlacht, 18. Oktober 1831, ein Sohn geboren wurde, begrüßte das preußische Volk in ihm schon den einstigen Thronerben. Von den besten Lehrern wurde er für sein hohes Amt vorgebildet; der Besuch der Universität Bonn vollendete diese Erziehung. Dann begannen die militärischen Übungen, die seit 1855 der Oberst v. Moltke als Adjutant leitete. Dieser schrieb damals: „Mein junger Prinz ist ein höchst liebenswürdiger und hoffnungsvoller Herr.“ Ein Besuch in England brachte 1856 eine Herzensneigung des Prinzen für die Prinzeß royal Victoria zum Keimen; im Januar 1858 fand in London die Vermählung, im Februar der Einzug in Berlin statt. Nun erblühte das schönste Familienglück und reicher Kindersegen diesem in innigster Liebe verbundenen Paare. Als 1861 Wilhelm I. die Krone empfing, da stand der Kronprinz in voller Jugendkraft neben dem Throne; weite Kreise des Volkes setzten auf ihn ihre Hoffnungen, zumal als er nun in der Konfliktszeit offen als Gegner des Ministeriums Bismarck sich bekannte. So konnte bei aller Ehrfurcht des Sohnes zeitweise eine Entfremdung zwischen ihm und dem Vater nicht ausbleiben.

Dann begannen 1866 für den Kronprinzen die großen Tage, die ihm auch den Ruhm des sieggekrönten Feldherrn eintrugen. Der zweiten Armee, die er führte, war es vergönnt, im Hervorbrechen durch die schlesischen Päße nach Böhmen die ersten zerschmetternden Schläge gegen die Österreicher zu führen. Am 3. Juli hat er dann durch das Eingreifen seiner Garden bei Chlum die Schlacht bei Königgrätz entschieden. Aber in echter Bescheidenheit hat er die Ehren, die ihm nun zufielen, mit seinem hochbegabten Generalstabschef von Blumenthal teilen wollen, um ihm seinen Dank zu erweisen. 1870 war er von dem Könige ausersehen, die Führung der Süddeutschen zu übernehmen, weil niemand, wie er, mit der wundervollen Vereinigung von fürstlichem Stolz und liebenswürdiger Güte, geeignet war, die Abneigung, die jenseits des Mains noch gegen Preußen herrschte, zu überwinden. Und wiederum erstritt seine Armee, in welcher Preußen und Bayern wetteifernd sich die Hand reichten, die ersten Erfolge, vor allem am 6. August die glorreiche Schlacht bei Wörth, von der der König seiner Gemahlin meldete: „Welches Glück, dieser neue große Sieg durch Fritz.“ Mit diesem Namen nannten den Kronprinzen bald seine Soldaten, wenn nach der Schlacht sein Erscheinen den Verwundeten Trost spendete, die Ermüdeten aufrichtete; und „unser Fritz“ hieß er nun auch seinem Volke, dem er als der Sieger von Wörth im Gedächtnis fortleben wird.

Nach dem Kriege hatte der Kronprinz als Generalinspekteur der süddeutschen Truppen die Pflicht, alljährlich durch seine Anwesenheit im Süden die deutsche Waffenbrüderschaft zu stärken. Im Übrigen war seine Stellung nicht leicht. Er war der nächste am Throne und hatte doch nach preußischem Herkommen keinen Anteil an den Regierungsgeschäften. Wie sehr er auch durch seinen Sinn für alles Große und Schöne befähigt war, in Kunst und Kunstgewerbe, in Wissenschaft und Litteratur, unter verständnisvoller Beihilfe seiner klugen und energischen Gemahlin, fördernd zu wirken, eine wahre Befriedigung konnte diese Thätigkeit dem Manne nicht geben, der nur in politischem Schaffen seinen Beruf sehen, seine Eigenart offenbaren mochte. Nur einmal 1878, nach den Attentaten auf Kaiser Wilhelm, war der Kronprinz kurze Zeit mit der Stellvertretung des Vaters betraut; dann nahm er wieder seinen früheren Platz ein, der ihm auch in den nächsten acht Jahren wenig Gelegenheit gab, selbständig hervorzutreten, so oft er auch durch die natürliche Hoheit seiner Erscheinung und den Zauber seines Wesens als der gewinnendste Repräsentant des jungen deutschen Kaisertums daheim und an fremden Höfen zu erscheinen berufen war.

Da zeigten sich 1886 die ersten Spuren eines Halsleidens, das schon im Frühjahr 1887 zu einer völligen Heiserkeit führte und gar bald von den Ärzten als ein gefährlicher Kehlkopfkrebs erkannt wurde. Im Juni 1887 verließ der Kronprinz die Heimat, in die er erst als sterbender Mann nach dreiviertel Jahren zurückkehren sollte. In Eng-

Kaiser Wilhelm II. bei der Einweihung des Nationaldenkmals in Berlin. (1897.)

land, Tirol und im südlichen Klima der Riviera suchte er Heilung von der tückischen Krankheit, deren Bösartigkeit auch ihm nicht verborgen blieb. Da begann für ihn die schreckliche Leidenszeit, die er ohne zu klagen mit dem Heldentum des königlichen Dulders ertragen hat. Welch ein erschütternder Anblick: diese fürstliche Gestalt noch aufrecht in stolzer Kraft, an der der tödliche Wurm nagte! Aber auch welch eine Teilnahme allüberall für diesen herrlichen Mann, der geliebt wurde, wie keiner!

Auf die Kunde vom Tode des Vaters verließ der Kronprinz San Remo; aus dem sonnigen Süden eilte Kaiser Friedrich in sein Reich, das er im Schneesturm der Nacht zum 12. März 1888 wiedersah. Nur drei Monate währte sein Kaisertum, zu kurz, um die Spur dieser Regierung in die Tafeln der Geschichte einzuzeichnen, lang genug, um für ewig das Gedächtnis eines bis zuletzt mit standhaftem Mute und gottergebener Fassung getragenen Märtyrertums festzuhalten. Welch ein ergreifender Augenblick, als am 29. Mai der Sieger von Wörth zwei Wochen vor seinem Tode in Charlottenburg einen Truppenteil seines Heeres, die zweite Garde-Infanterie-Brigade unter dem Kommando seines Sohnes Wilhelm, vor seinem Wagen vorbeimarschieren sah: das einzige Mal, daß Kaiser Friedrich eine Parade abgenommen hat. Am 15. Juni 1888 erlöste ihn in Potsdam der Tod von seinen Leiden.

Wilhelm II. (1888). Als Kaiser Wilhelm I. seine Augen geschlossen hatte, da schien es, als wenn mit ihm ein großes Zeitalter zur Rüste gegangen sei, und bange regte sich die Frage, ob das neue Geschlecht auch der tapferen Väter würdig sein, ob der junge Hohenzollernsproß, auf den nun mit der Kaiserkrone die Bürde der Regierung gelegt war, das Werk seiner hohen Ahnen in ihrem Geiste und mit ihrer Kraft fortführen würde. Wohl mochten die Blicke der Tausende forschend auf ihm ruhen, die ihn schmerzgebeugt, in tiefstem Ernste hinter dem Sarge des Großvaters schreiten sahen, wie durchdrungen von der Bedeutung dieses Zeitabschnittes und der Schwere der ihm zugefallenen Aufgabe. Und heute, da eine Reihe von Jahren ins Land gegangen ist seit jener Stunde, schaut die deutsche Nation mit Vertrauen und sicherem Gefühl auf Kaiser Wilhelm II., und das preußische Volk gesteht sich mit freudigem Stolz, daß aus seinem altehrwürdigen Königsgeschlecht ein neues kräftiges Reis ergrünt ist, wert des erhabenen Stammes, aus dem es erwuchs.

Von allen Hohenzollernfürsten verehrt der junge Kaiser am höchsten seinen Großvater Wilhelm I., der seine Jugend überwacht und noch in der Sterbestunde zu ihm von den Grundsätzen seiner Politik gesprochen hat. „Mein ganzes Bemühen wird sein, nachzuleben und nachzustreben dem hohen Herrn“, so hat Wilhelm II. sich 1893 geäußert. Sein Andenken jederzeit zu ehren, ist ihm eine Herzenspflicht, und diese kam am schönsten zum Ausdruck bei der Enthüllung des Nationaldenkmals in der Hauptstadt, dem er selbst den Platz gegenüber dem hohen Portal des alten Schlosses bestimmt, dessen Inschrift „Wilhelm der Große, Deutscher Kaiser, König von Preußen“ er angegeben hatte und dessen Einweihung er am 22. März 1897, dem hundertsten Geburtstage des ersten Kaisers, in der festlichsten Weise mit seinem dankbaren Volke beging, wobei er die allgemeine Empfindung in die sinnigen Worte kleidete: „Wir gedenken Seiner in Seiner Demut, schlichten Einfachheit und Pflichttreue, wir gedenken Seiner als des Sohnes der herrlichen, lieblichen Königin“.

* * *

„Ich bin ein Mensch, nichts Menschliches acht' ich mir fremd!“ So hat Wilhelm II. von sich geschrieben; und in der That, wie seine Erziehung von Anfang an darauf bedacht war, ihn mit jedem Zweige des Staatswesens bekannt zu machen, so giebt es für ihn kein Arbeitsfeld, auf dem er nicht heimisch zu werden sich bestrebt hätte, um sich selbständig ein Urteil zu bilden und eine Entscheidung treffen zu können. Aber wie der Gesichtskreis unserer Zeit sich so unendlich nach allen Seiten erweitert hat, so sind die Anforderungen, die heute an einen gewissenhaften Herrscher gestellt werden, viel umfangreicher als früher. Es gehört die ganze jugendliche Schwungkraft Wilhelms II. dazu, um sie zu erfüllen und allen Ansprüchen, die seine Pflichten ihm auferlegen, gerecht zu werden. Nur durch die ihm angeborene Freude an unermüdlichem Schaffen auf den verschiedensten Gebieten ist es ihm möglich, die Fülle seiner Obliegenheiten zu bewältigen. Goethes Wort: „Nur rastlos bethätigt sich der Mann!“ könnte als Wilhelms II. Devise gelten.

Daß aber über dieser Vielseitigkeit der Interessen das Wichtigste nicht zu kurz komme, dafür sorgt doch wieder die Hohenzollersche Tradition, die seit den Tagen von Warschau und Fehrbellin die Armee als die Grundlage des Staates betrachtet hat, wie Wilhelm II. dies bei der Verleihung der Fahnen an die neu errichteten Bataillone 1893 aussprach: „Die einzige Säule, auf der unser Reich besteht, war das Heer. So auch heute!“ Die unermüdliche Sorge Wilhelm I. für die Armee ist auf den Enkel übergegangen; er wendet jeder Waffe seine Sorgfalt zu, wenn auch ihm, als schneidigem Reiter, die Kavallerie am nächsten steht; er fühlt sich im Kreise seiner Offiziere wie zu Hause; er ist im Manöver der Erste im Feld und der Letzte im Quartier. Auch eine bedeutsame Reform des Heerwesens wurde unter ihm gegen den anfänglichen Widerspruch der Volksvertretung durchgesetzt. Nach sorgfältigster Prüfung wurde 1893 die zweijährige Dienstzeit eingeführt, um durch Erhöhung der Friedenspräsenzstärke des Heeres die Wehrkraft des Reiches zur vollen Verteidigungsfähigkeit auszunützen.

Stand der junge Kaiser der Armee gegenüber auf dem festen Boden der Überlieferung, so hat er auf dem Gebiet der Marine neu und bahnbrechend gewirkt. Hier traf seine persönliche Neigung zusammen mit einem gebieterischen Trieb unserer Zeit. Wilhelm II. hat sich schon früh begeistert für die Poesie des Meeres; es ist ihm Bedürfnis, von den Mühen seines Berufes sich zu erholen in der frischen, stählenden Seeluft, auf den Wogen der Salzflut. Er hat aber auch schon früh die Notwendigkeit einer starken Flotte für das Wohl des Reiches erkannt, damit es, wie in Europa, so überall in der Welt mächtig und selbstbewußt auftreten könne; er hat mit allen Mitteln darauf hingewirkt, daß die Entwicklung der Kriegs-Marine Schritt hielte mit dem Wachsen des überseeischen deutschen Handels, damit der deutsche Kaufmann und der deutsche Ansiedler in fremden Ländern und auf der See im Schutz der deutschen Kriegsflagge ungestört mit den eigenen Interessen zugleich die des Mutterlandes fördern könne.

„Unsere Zeit steht im Zeichen des Verkehrs“, das war ein Wort des Kaisers, das daheim und draußen Anklang fand. Unter Wilhelm I. war der vielverheißende Anfang einer deutschen Kolonialpolitik gemacht worden. Die überschüssigen Kräfte, die in Massen aus der Heimat über's Meer zogen und dem Vaterlande bald sich entfremdeten, sollten, wenn irgend möglich, auf deutschem Boden bleiben. Darüber täuschte sich niemand, daß die besten Stücke der Erde schon lange den alten Seemächten zugefallen waren; aber es galt doch, zuzugreifen und für Deutschland zu gewinnen, was an fernen Küsten entweder zur Kolonisation oder zu Stationen für die Kriegsschiffe geeignet war. So wurden denn unter Wilhelm II. nicht nur die älteren deutschen Schutzgebiete im Osten und Westen Afrikas eifrig gefördert, sondern auch neue koloniale Stützpunkte besetzt, vor allem in den ostasiatischen Gewässern Kiautschou an der chinesischen Küste, dann 1899 die von Spanien gekauften Karolinen, Marianen und Palau-Inseln. Dazu kommt im Inlande der Ausbau der Wasserstraßen und Kanäle, der seit der Eröffnung des Nord-Ostsee-Kanals energisch fortgeführt worden ist.

Und diese ganze Thätigkeit steht im Dienste des Friedens. So bestimmt der Deutsche weiß, daß Wilhelm II. „selbst einen Strohhalm groß verfechten würde, wenn Ehre auf dem Spiel“, so sicher baut er darauf, daß niemals kriegerischer Ehrgeiz, sondern allein die Rücksicht auf die Wohlfahrt des Reiches sein Handeln bestimmen wird. Diese Erkenntnis bricht sich auch im Auslande Bahn. Bewundernd blicken die fremden Nationen auf den energischen jungen deutschen Kaiser, unter dessen Scepter das einst mißachtete, dann beargwöhnte Deutschland nun stark und mächtig dasteht, ein Hort des Friedens, der Gerechtigkeit, der Bildung und Gesittung.

Nicht weniger ist Wilhelm II. in der inneren Politik von dem Wunsche beseelt, die widerstreitenden Interessen zu versöhnen und die sozialen Schäden zu heilen. Hier steht ihm hilfreich zur Seite seine edle Gemahlin Auguste Victoria, in Frömmigkeit, Herzensgüte und Mildthätigkeit das Muster einer deutschen Frau. Mit freudigem Stolze sieht das deutsche Bürgertum auf das kaiserliche Haus, wo im innigen Zusammenleben der hohen Eltern und der blühenden Kinderschaar alle guten Geister der deutschen Familie ihren Segen walten lassen.

* * *

Wohl hat es in der deutschen Vergangenheit — von den Karolingern bis zu den Staufern — sagenberühmte Königsgeschlechter gegeben, die gewaltig und weltbeherrschend den deutschen Namen furchtbar gemacht haben vor allen Völkern; aber ihre Kraft erlosch jedesmal nach kurzer Größe. Anders der Stamm der Hohenzollern, der nicht im Dunkel der Vorzeit, sondern im hellen Lichte der Geschichte seine Gaben und Thaten entfaltet hat. Bald sind 500 Jahre verflossen, seitdem der erste Hohenzoller vom deutschen Süden in die nordische Mark kam, seine Herrschaft seßhaft zu machen; demnächst rüstet sich das preußische Volk, den Tag zu feiern, da vor 200 Jahren aus dem Hohenzollerngeschlecht der erste König hervorging. Eine Reihe großer Persönlichkeiten und glänzender Heldengestalten, wagende Fürsten, sorgende Landesväter und pflichtliebende Herrscher sind im Laufe der Jahrhunderte dem Zollernstamm entwachsen; enger und enger haben sich seine Zweige mit den Geschicken Preußens, Deutschlands verbunden. Stolz und herrlich steht er da, ungebrochen in den Stürmen einer gefahrvollen Zeit; kräftige Triebe entsprießen ihm und verheißen eine glückliche Zukunft. So möge denn auch weiter Preußens Königsstamm, Deutschlands Kaisergeschlecht, die Hohenzollern, blühen und gedeihen bis in die fernsten Zeiten!